소아과 의사 엄마의 갓난아기 건강수첩

SHOUNIKA I MAMA NO IKUJINO FUAN KAIKETSU BOOK
by Yasumi Morito

Copyright ⓒYasumi Morito 2013
All rights reserved.
Original Japanese edition published by Metamor Publishing Co., LTD.

Korean translation copyright ⓒ2015 by The Soup Publishing Co.,
This Korean edition published by arrangement with Metamor Publishing Co., LTD. Tokyo,
through HonnoKizuna, Inc., Tokyo, and EntersKorea Co., Ltd.

이 책의 한국어판 저작권은 ㈜엔터스코리아를 통해 저작권자와 독점 계약한 도서출판 더숲에 있습니다.
신 저작권법에 의하여 한국 내에서 보호를 받는 저작물이므로 무단전재와 무단복제를 금합니다.

* 에밀은 도서출판 더숲의 임프린트입니다.

일러두기

- 예방접종 일정표(134쪽)는 저작권자와의 협의를 거쳐 국내(한국)의 실정에 맞게 교체하였습니다.(콘텐츠 제공: 질병관리본부, KMA, 예방접종전문위원회)

- 이 책에 나온 내용은 세계적인 의학 자료를 토대로 합니다. 그중 수유부 약품표(48~49쪽)는 약 복용의 과도한 안전 규제로 인한 산후 여성들의 고생을 덜어주고자 저자가 과학적 근거를 바탕으로 구성한 것입니다. 이 정보를 참고로 하여 의사 또는 약사와 상의할 수 있습니다.

초보엄마들을 위한
닥터맘의 44가지 처방전

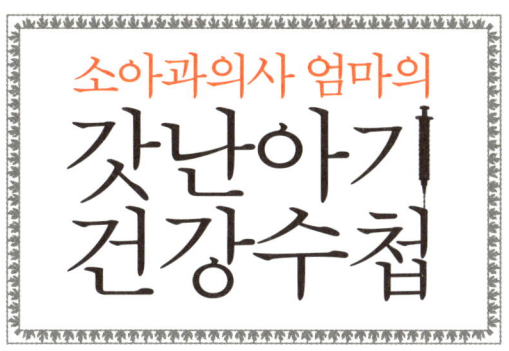

소아과의사 엄마의
갓난아기
건강수첩

모리토 야스미 지음 : 황혜숙 옮김 : 서정호 감수

머리말

소아과 진료를 하다 보면 부모들로부터 다양한 질문을 받는다. 가령 "아기가 자더라도 꼭 깨워서 목욕을 시켜야 하나요?"라든가, "저녁 때만 되면 울음을 그치지 않아요. 배가 고픈

것도 아니고 기저귀도 깨끗해요. 안아서 얼러 주면 그치기는 하지만 아이가 울어서 아무것도 할 수가 없어요. 어떻게 하면 좋을까요?" 같은 것들이다.

이 얼마나 세심한 배려인가? 부모는 혹시라도 아기의 기분이

언짢아질까 봐 매번 조바심이 나는 모양이다.

먹고살기 바빴던 옛날에는 부모 자신이 중요한 노동력이었기에 아무리 아기가 어려도 잘 돌봐 주지 못하고 종일 일을 해야 했다. 그래서 아기를 매일 목욕시키기도 쉽지 않았고, 운다고 금세 달려가 안아 줄 수도 없었다.

그 시절 부모에게는 먹고사는 일이 우선이었던 것이다. 그러나 요즘은 생활이 풍요로워지고 가전제품도 보편화된 덕분인지 아기를 돌보는 부모의 마음에 여유가 생긴 것 같다. 오히려 이제는 도대체 어느 정도까지 아이를 세심하게 돌봐 줘야 하는 건지 그 기준을 알 수 없을 정도다.

자녀 교육에는 정답이 없다고들 한다. 그럴싸한 육아 정보나 다른 사람의 경험담이라고 해서 모든 아이에게 적용할 수 있는 것은 아니다. 그렇다고 부모가 아이를 기르면서 몇 년 동안 아이가 먹을 음식이며, 입을 옷까지 모두 손수 만들기도 쉽지 않다. 요즘 세상에 그런 부모가 얼마나 될까?

이제 좀 먹고살 만해졌다고 해서 육아에 지나치게 몰두할 필요는 없다. 부모들은 이미 아이들을 위해 최선을 다하고 있다.

오히려 좀 더 느긋하고 편안한 자세로 육아에 임할 필요가 있다. 말은 이렇게 하지만 사실 두 딸의 엄마인 필자도 첫 아이를 기를 때는 지나치게 열정적이었다. 오랫동안 소아과 의사로 일했지만 몇 달 동안 아이를 돌보느라 불면과 전신 통증에 시달리다 보니 부모들의 고통이 어떤 건지 느낄 수 있을 때가 많았다. 많은 부모가 그토록 힘든 육아 과정을 의연히 견디고 있다고 생각하니 길 가는 엄마, 아빠 들만 봐도 머리를 숙이고 싶었다. "아이를 기르는 것이 이렇게 힘든 일인지 미처 몰랐어요. 존경해요!" 하며 말이다(물론 실행에 옮기지는 않았지만).

소아과 의사의 당직은 고되기로 유명하다. 그렇기에 육아를 더 대수롭지 않게 여겼던 것 같다. 하지만 아무리 당직이 힘들다고 해도 다음 날 아침이면 누군가가 교대를 해 주는 병원 생활과 달리 부모 역할을 하는 사람은 오직 부모 자신뿐이다. 365일 누구도 교대해 주지 않는다. 그 후 필자는 좀 더 부모의 입장에서 육아를 생각하게 되었다.

그리고는 이런 생각이 들었다. 누구나 완벽한 부모가 되고자 노력한다. 특히 첫 아이 때는 필요 이상으로 힘을 쏟아 쉽게 지쳐 버리기도 한다. 하지만 부모가 늘 피곤하면 어떻게 아기와 즐겁게 지낼 수 있을까? 아기는 가족을, 특히 부모를 가장 가까운 존재로 생각한다. 아기에게 가장 큰 행복은 어머니나 아버지가 "사랑해."라고 말해 주고 함께 놀아 주는 것이 아닐지?

그래서 필자는 이 책을 통해, 아이를 돌볼 때 의학적으로 필요한 최소한의 규칙은 지키되, 좀 더 즐거운 마음으로 아이 돌보기를 해 보자고 말하고 싶다.

부디 세상의 모든 부모가 육아를 좀 더 즐길 수 있기를 바라면서…….

차례

머리말 : 04

제1장 아기 몸에 관한 기본적인 궁금증들
칼럼 1. 반드시 본인 확인을 하자

Q. 머리숱이 없는데 좋아질까요? : 15
Q. 배꼽이 보기 흉한데요? : 18
Q. 아기는 볼 수 있나요? : 22
Q. 머리 모양이 삐뚤어진 거 아닌가요? : 26
Q. 귀의 모양이 이상한 거 아닌가요? : 29
Q. 혈액형을 꼭 알아야 하나요? : 32

제2장 아기의 식사에 관해
칼럼 2. 검진의 이모저모

Q. 모유에서 어머니가 먹은 음식 맛이 나나요? : 39
Q. 수유 중에 약물은 복용해선 안 되나요? : 44
Q. 수유 중에 기호품은 안 되나요? : 50
Q. 트림이 잘 안 나오는데요? : 56

Q. 과즙은 일찍 줘야 하나요? : 60
Q. 모유는 정말 묽어지나요? : 63
Q. 이유식을 늦게 시작하는 편이 좋을까요? : 66

 ## 아기의 일상생활
칼럼 3. 의사에게는 무엇이든 질문하자?

Q. 신생아는 언제부터 외출해도 될까요? : 73
Q. 빠는 것은 좋지 않은가요? : 76
Q. '아기 목욕'은 언제까지 시켜야 하나요? : 79
Q. 감기 걸렸을 때 목욕시키면 안 되나요? : 82
Q. 아무리 애써도 잠을 안 자는데요? : 85
Q. 계속 우는데 괜찮을까요? : 90

 ## 사소하지만 중요한 문제들
칼럼 4. 잘 살펴봅시다

Q. 기저귀 발진이 심한데요? : 97
Q. 유아 습진은 어떻게 해야 하죠? : 100
Q. 피부가 건조할 때는 어떻게 해야 하죠? : 105
Q. 땀띠가 생겼을 때는 어떻게 해야 하죠? : 108
Q. 모유나 분유를 잘 토하는데요? : 111
Q. 설사를 할 때는 무엇을 먹여야 하나요? : 115
Q. 감기에 걸렸을 때는 어떻게 해야 할까요? : 120
Q. 머리를 부딪혔는데요? : 124

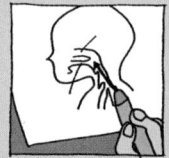

제5장 아기랑 병원 가기

칼럼 5. 슈퍼맨이 늘고 있어!

Q. 예방 접종은 꼭 해야 하나요? : 131
Q. 인플루엔자 백신은 효과적인가요? : 136
Q. 어떨 때 병원에 가야 하나요? : 139
Q. 병원에 어떤 것을 알려 주면 좋은가요? : 142
Q. 입원 시 주의 사항은 뭔가요? : 145

부록 가장 많이 하는 질문들

칼럼 6. 의료란 무엇일까?

Q. 눈을 위로 뜨는데 괜찮을까요? : 151
Q. 얼굴 한가운데 붉그레한 멍이 있는데요? : 151
Q. 딸꾹질을 많이 하는데 괜찮을까요? : 152
Q. 모유가 충분한 걸까요? : 152
Q. 재채기가 나오는 것은 감기 때문인가요? : 153
Q. 변비일 때는 어떻게 하면 되나요? : 154
Q. 설사가 계속되는데 어떻게 하죠? : 154
Q. 탈수 증상의 기준이 뭔가요? : 155
Q. 눈곱이 잔뜩 끼는데요? : 156
Q. 소아과에서 설소대를 잘라 주나요? : 157
Q. 치아 배열 괜찮을까요? : 157
Q. 양치질은 언제부터 하나요? : 158

맺음말 : 159

제1장

아기 몸에 관한
기본적인 궁금증들

- **Q** 머리숱이 없는데 좋아질까요?
- **Q** 배꼽이 보기 흉한데요?
- **Q** 아기는 볼 수 있나요?
- **Q** 머리 모양이 삐뚤어진 거 아닌가요?
- **Q** 귀의 모양이 이상한 거 아닌가요?
- **Q** 혈액형을 꼭 알아야 하나요?

반드시 본인 확인을 하자

    늘 다니는 병원이라면 의사나 환자가 서로 얼굴과 이름을 기억할 것이다. 하지만 혹시라도 실수가 있어서는 안 되므로 정확한 본인 확인은 매우 중요하다. 예전에 "아무개 어린이, 들어오세요." 하고 환자의 이름을 불렀는데 "네." 하며 다른 환자와 보호자가 들어온 적이 있다. 부모가 아이의 이름을 잘못 알아들은 것이다. 필자는 다행히도 환자를 잘못 알고 진찰하거나, 치료하고 주사를 놓은 적은 없지만 실수하지 않도록 늘 조심한다.

    가끔 혈액 검사처럼 며칠씩 걸리는 검사 결과를 전화로 알려 달라고 요청하는 사람들이 있다. 이 또한 본인 확인이 필요하기 때문에 원칙적으로 불가능하다. 그래서 전화상으로는 본인 확인이 어려우니 번거롭더라도 환자에게 병원에 와 달라고 당부한다. 단 소아과는 어린이 본인이 오지 않아도 된다.

머리숱이 없는데 좋아질까요?

Ⓐ 태어난 지 얼마 안 된 아기의 부모들은 종종 "우리 아이가 좀 더 자라면 머리카락이 나겠지요?" 하고 묻는다. 아기의 머리카락이 너무 가늘고 숱이 없어서 걱정이 되는 모양이다.

물론 머리카락 등의 체모가 나지 않는 질병이 있고 머리카락이 나더라도 듬성듬성하고 윤기가 없는 대사계 질환도 있긴 하다. 하지만 이런 질환은 극히 드문 경우이므로 건강하게 체중이 늘고 있고 아이의 컨디션이 좋아 보인다면 쓸데없이 병

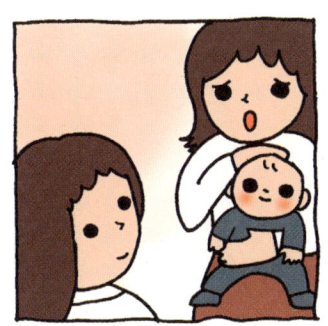

을 의심할 필요는 없다.

아기의 머리카락은 늦어도 생후 6개월까지는 거의 다시 난다. 아기는 이 시기에 전두부(이마)에서 정수리 부분에 걸쳐 원래 가지고 태어난 머리카락이 많이 빠지는데 그 결과 일시적으로 숱이 적어지기도 한다.

이것은 신생아의 생리적인 탈모 현상이다. 특히 생후 한 달 정도 되는 시기에 가장 숱이 적은데 자연스레 다시 곧 자라게 될 테니 너무 염려할 필요는 없다.

간혹 "우리 아이 이마가 파래요."라고 말하는 부모들이 있다. 정확히 말하자면, 이마가 아니라 머리가 파란 것이다. 한번 빠진 머리카락이 다시 나면서 피부가 파랗게 보이는 현상 때문인데, 면도를 마친 아빠들의 턱 주변이 퍼렇고 검다는 것을 생각해 보면 이해가 빠를 것이다.

나아가 '앙와성 탈모'라는 것도 있다. 이는 늘 누워 있는 아기의 머리 뒤쪽이 침구 등에 닿아 머리카락이 마모되거나 빠져서 대머리처럼 되어 버리는 현상이다. 나중에 커서 앉아 있는 시간이 많아지면 자연스레 머리카락도 자란다.

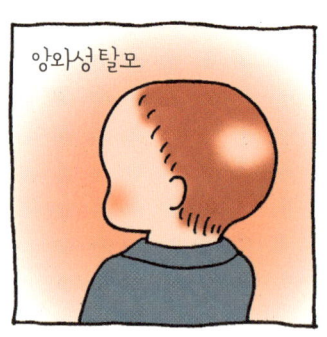

또한 선천적으로 다른 아이들에 비해 머리숱이 적거나 머리카락이 가늘어서 숱이 없어 보이는 경우도 있는데 단순한 개인차일 뿐이니 지나치게 걱정하지 않아도 된다.

닥터 맘의 한마디!

머리카락은 돌 때까지 대부분 골고루 나므로 지나치게 걱정하지 말자!

배꼽이 보기 흉한데요?

아기의 배꼽이 튀어나온 데다 축축하고 거무스레하다고 병원을 찾는 경우가 많다. 아기가 태어나면 그때까지 어머니와 연결되어 있던 탯줄을 간호사나 조산사가 클립으로 묶은 뒤 잘라 낸다. 그러면 일주일 전후로 탯줄이 말라 툭 떨어지고 배꼽의 모양도 점차 예뻐진다.

하지만 개중에는 탯줄이 채 마르지 않았는데 배꼽에 살이 차오르는 경우가

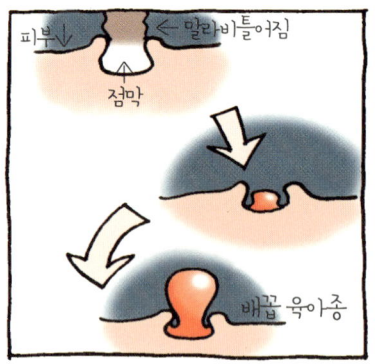

있다. 이를 '배꼽 육아종'이라고 한다. 그러면 이 육아종에서 진물이 나와 배꼽이 계속 축축해진다.

소아과에서는 보통 육아종이 작을 때는 '질산은'이라는 용액으로 지져 준다. 그러다 점점 커져서 묶을 수 있을 정도가 되면 실로 묶는다. 그러면 며칠 후에 육아종이 떨어진다. 그래도 또다시 커지면 몇 번이고 반복해 조치를 취해 준다.

또 배꼽이 튀어나와 걱정하는 부모들도 있다. 그 이유는 출산 시에 탯줄을 잘못 잘라서가 아니다. 아기의 작은 배 안에는 어른과 똑같은 숫자의 내장이 빵빵하게 차 있다. 이 내장들이 등뼈가 있는 뒤쪽으로 나가지 못하고 아직 근육이 약한 배 쪽으로 밀고 나오는 것이다. 그 결과 배가 볼록한 아기 체형이 되고 배꼽도 튀어나오게 된다.

만약 배꼽이 지나치게 튀어나왔다면 이는 장이 근육 사이에서 배꼽 쪽으로 비집고 나온 것으로 이를 가리켜 '배꼽 탈장'이라 한다. 배꼽 피부 안에 장이 들어가 있으므로 통통하게 튀어나오지만 만진다고 터지진 않는다. 눌러 보면 쏙 들어가는데 배에 힘이 들어가거나 아기가 울면 다시 튀어나온다. 다리 허벅지 부분이 부푸는 '서혜부 탈장'처럼 장이 튀어나와 혈액 순환 장애를 초래하는 경우는 거의 없으므로 그냥 상태를 지켜본다. 옛날에는 배꼽을 꾹 눌러서 동전이나 반창고로 고정시키는 사람도 있었지만 피부병을 일으킬 수도 있으므로 삼가는 것이 좋다.

　단순히 배꼽이 튀어나온 것이든 배꼽 탈장이든 돌이 지나면 복부의 중앙에 있는 복직근이 강해지면서 눈에 잘 띄지 않게 된다. 그러니 일단 경과를 지켜보되 너무 걱정된다면 소아 외과나 소아과를 찾기 바란다. 또한 돌이 지나도 탈장이 호전되지 않거나 탈장의 크기가 큰 경우에는 수술을 해야 할 수도 있으므로 의사와 의논하기 바란다.

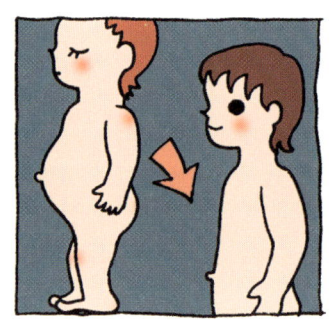

　그 밖에도 일전에 배꼽에서 피가 계속 나온다고 하는 아기를 진찰한 적이 있다. 살펴보니 탯줄을 잘라 낸 후 피가 뭉쳐 있던 것이 배꼽 안에 그대로 남아 있어서 목욕을 시킬 때마다 핏덩어리의 일부가 배어 나오는 것이었다. 부모는 여전히 피가 난다고 생각했던 모양이다.

　이런 증상은 대개 부모가 탯줄이 떨어진 상처를 만지는 게 걱정돼 제대로 아기의 배꼽을 씻어 주지 않은 경우에 발생한다. 부드러운 손길로 씻어 준다면 피가 나거나 배꼽이 열려 세균이 들어가는 일은 별로 없을 것이다. 부디 아기를 목욕시킬 때 배꼽까지 잘 씻어 주기 바란다.

아기의 배꼽이 검다고 걱정하는 사람도 있는데 탯줄이 떨어지면 색소가 침착되기 때문에 피부가 거무스레해질 수 있다. 어른들의 배꼽도 마찬가지니 한번 살펴보기 바란다.

배꼽이 거무스레한 것은 걱정하지 않아도 된다.
배꼽이 튀어나왔다면 경과를 잘 지켜보고,
육아종일 경우, 소아과에 문의하면 된다.

아기는 볼 수 있나요?

Ⓐ 여러 연구에 따르면 아기의 시력은 생후 한 달까지는 빛을 인지하는 정도였다가 두 달째는 0.01, 넉 달째가 되면 0.03, 여섯 달째에는 0.06, 여덟 달 정도 되면 0.1 수준으로 발달하고 7살이 되어야 두 눈을 모두 사용하여 입체적으로 볼 수 있다고 한다.[1]

이처럼 아기의 눈은 보이기는 하지만 시력이 낮고 아직 대뇌피질의 시각 중추도 충분히 발달하지 않았다. 그래서 눈앞에서 갑자기 무슨 일이 벌어져도 눈을 깜박이지 않으며, 생후 2~3개월 정도가 지나야 조금씩 눈앞의 자극에 반응하기 시작한다. 마찬가지로 시선을 고정하고 계속 쳐다보는 '고시', 움직이는 것을 눈으로 좇는 '추시'도 간혹 일찍 시작하는 아기들도 있지만, 일반적으로는 생후 2개월 이후가 지나야 가능하다. 그러므로 태어나자마자 바로 자극에 대한 눈 깜박임, '고시', 혹은 '추시'를 못 한다고 걱정할 필요는 없다.

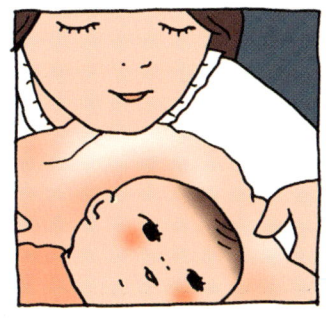

그 밖에 아기를 진찰하다 보면 "아기의 눈이 몰려 있는 것 같아요."라든지 "자주 눈동자가 몰려요."라고 걱정하는 부모들이 있다. 물론 가까이 있는 물건을 잘 보려 하면 어른의 눈도 몰릴 때가 있다. 그러나 무언가를 보지도 않는데 아이의 눈이 몰리니 혹시 사시가 아닐까 걱정이 되는 것이다.

그렇지만 이런 경우는 대부분 아기의 코가 낮고 눈 사이의 간격이 넓어 사시처럼 보이는 것뿐이다. 실제로는 사시가 아니지만 사시처럼 보이는 이 현상을 '가성 내사시'라고 한다.

정말로 이상이 있는지를 알고 싶다면 30~40cm 떨어진 거리에서 아기의 눈을 손전등으로 비춰 눈의 양쪽 검은자에 비친 빛을 확인하는 방법이 제일 간단하다. 좌우 눈동자 중심에 빛이 잘 비친다면 위에서 언급한 것처럼 코가 낮고 눈 사이의 거리가 멀어, 혹은 눈 주위의 피부에 의해 눈 안쪽이 많이 덮여 있어 사시처럼 보이는 것일 가능성이 크니 괜찮다.

또한 아래 그림처럼 아기의 콧등을 집어 보거나 좌우 눈의 안쪽 피부를 집어 보아 눈이 몰려 있는지 아닌지 확인하는 방법도 있다. 하지만 이 방법은 필자가 걱정이 너무 많은 부모에게 권하는 자가 진단법일 뿐이다. 눈이 몰리는 증상이 나타났다면 안과에서 진찰을 받는 것이 가장 확실한 진단임을 명심하자. 눈의 위치에 이상이 있을 경우 그 원인으로는 한쪽 눈의 시선이 안쪽(코 쪽)으로 치우치는 내사시,

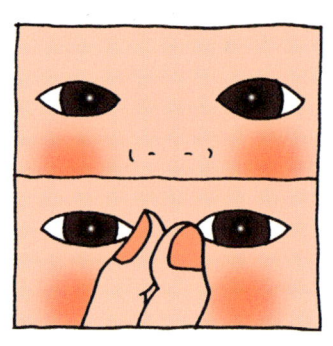

바깥쪽으로 치우치는 외사시, 위나 아래쪽으로 치우치는 상하사시가 있으며 시력과 연관이 있는 경우도 있다.

한편 아기와 눈을 맞추지 못한다든지, 아기가 눈을 맞추려 하면 시선을 돌린다고 염려하는 부모도 있다. 많은 경우, 이런 행동들이 성장에 문제가 있어서는 아닌지, 이러다가 아이와 유대 관계를 제대로 쌓지 못하는 건 아닌지 걱정하고, 심지어 아이가 자신을 싫어하는 것은 아닌지 고민하기도 한다.

그 문제에 관해 다음의 네 가지 판단 기준이 발표된 바 있다.

1. 생후 5~7일 된 신생아에게 부모가 얼굴을 가까이 대고 말을 걸면 아이는 몸의 움직임을 멈추고 부모의 얼굴을 바라본다.
2. 생후 7~8주 된 아기는 눈, 코, 입과 같은 얼굴의 일부를 응시한다.
3. 생후 3~4개월 된 아기는 부모가 자신의 눈을 보고 있을 때 같이 응시하는 경우가 많으며 지속 시간도 길다.
4. 부모가 너무 자주 아이와 접촉하면 응시 시간은 짧아지고 아이가 눈을 돌리는 경우도 많아진다.[2]

아이가 부모와 눈을 잘 마주치지 않는다면 아이와 지나치게 많이 접촉해서일 수도 있다. 만약 발달에 이상이 있는 것이라면 다른 방식으로도 얼마든지 확인이 가능하다. 아기를 안아 주고 얼러 주다 보면 유대 관계는 형성되기 마련이니 지나친 염려는 하지 않아도 된다.

닥터 맘의 한마디!

아기의 눈은 미완성! 조금씩 그 기능이 발달해 간다.

머리 모양이 삐뚤어진 거 아닌가요?

아기의 머리 모양이 이상하다고 염려하는 부모가 의외로 많다. '계속 삐뚤어지면 어쩌지?' 하고 말이다. 하지만 아기의 두개골은 아직 제대로 연결되어 있지 않은 데다가 매우 부드럽다.

그 이유는 두 가지다. 하나는 두개골의 크기가 크면 출산 시 아기가 어머니의 산도를 빠져나올 수 없기 때문이고, 또 하나는 태어나자마자 바로 급성장하는

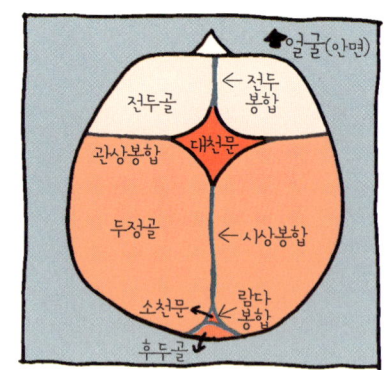

뇌의 성장 속도를 뼈의 성장 속도가 따라가지 못하기 때문이다.

이처럼 아기는 생후 3개월까지는 머리가 부드럽고 뼈가 붙지 않은 상태인 데다가 스스로 제 몸을 뒤집지도 못한다. 또 왼쪽이든 오른쪽이든 한쪽만 바라보는 버릇을 가진 아이들이 있는데 그런 경우 머리 모양이 변형되는 것이 발견되기도 한다.

하지만 대부분의 아기가 뇌가 성장함에 따라 혼자 힘으로 제 몸을 뒤집고 앉거나 설 수 있게 되면서, 머리 모양이 좌우 대칭을 찾아가게 되는 경우가 많다.

소아 전문병원의 뇌신경외과 의사에 따르면 아기의 머리 모양에 다소 변형이 있어도 외과적인 조치가 필요한 경우는 드물다고 한다.

특히 아래 그림과 같이 아기가 주로 취하는 자세 때문에 일어나는 후두부 변형과 병적인 두개골 유합증 때문에 변형된 머리는 그 모양이 서로 다르다고 한다.[3]

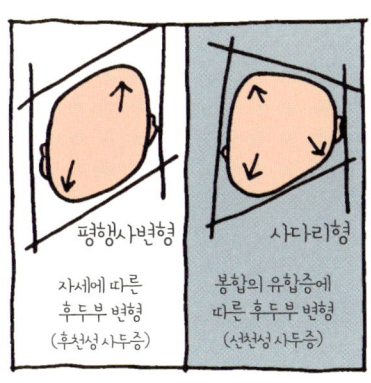

그래도 아이의 머리 모양을 고치고 싶으면 머리 모양을 교정하는 베개나 쿠션을 사용하거나 하루 24시간 중 목욕 시간 이외에는

계속 안전모를 씌워 두는 방법이 있다.

　그러나 머리 모양은 인위적으로 교정하려고 해도 그다지 큰 효과를 기대하기 힘들다. 그러니 머리 모양에 지나치게 신경 쓰지 말고 상황을 지켜보자.

닥터 맘의 한마디!

아기의 두개골은 아직 제대로 붙지 않고 부드러워서 자세에 따라 변형이 일어나고는 한다

귀의 모양이 이상한 거 아닌가요?

태어난 지 얼마 되지 않은 아기 중에는 종종 귓불의 윗부분이 처진 꺾인 귀 모양을 한 경우가 있다. 어머니의 뱃속에 있을 때 어딘가에 귀가 눌린 자세로 있었다면 그럴 가능성이 높다. 보통은 생후 며칠이 지나면 자연스레 돌아오지만 그렇지 않으면 병원에서 교정 기구로 고쳐야 하는 경우도 있다.

이외에 귀의 윗부분이 쏙 들어갔다거나 귓불이 너무 작다거나 귀 모양이 이상한 경우, 귓구멍이 없는 경우 등에는 이비인후과 의사에게 청력 검사를 비롯해 귀의 전반적인 검진을 받아야 한다.

또한 귀 옆에 사마귀 같은 것이 나기도 하는데, 이는 '부이(副

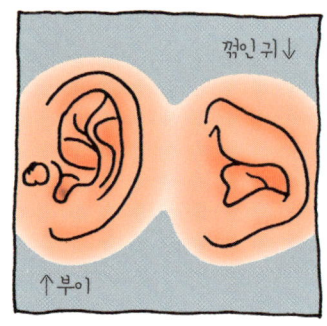

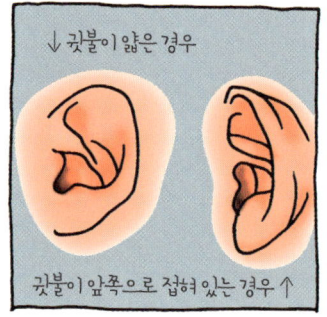

耳)'라고 해서 100명 중 1~2명의 사람에게만 발생한다. 태어나자마자 간단히 실로 묶어 떼어 내기도 하지만 연골이 남아 있으면 재발할 염려가 있으므로 병원에서 아예 제거하는 것이 좋다.

이 밖에 좌우 귀의 모양이 서로 다른 것은 흔히 있는 일이다. 원래 사람의 몸은 좌우 대칭이 아니다. 게다가 이 시기에는 아직 머리 모양이 좌우 대칭이 아니기 때문에 귀의 모양 또한 많이 다를 수 있고 한쪽만 바라보고 누워 있으면 밑에 깔려 있는 귀가 약해져 곪기도 한다. 귀가 습해서 곪게 되면 아기를 반대 방향으로 누이고 심할 경우에는 소아과나 피부과에서 연고를 처방받도록 한다. 혼자서 제 몸을 뒤집기 시작하면 좌우 귀 모양도 같아지고 한쪽 귀가 습한 증상도 나아질 것이다.

또한 가끔 아기의 귀 뒤에 둥근 멍울이 생기기도 하는데 이는 림프절(임파선)을 의심해 볼 수 있다. 아기의 멍울은 눈에 잘 띄지만 머리카락이 가늘고 피하 조직의 두께가 얇아서 더 그렇게 보이는 것이지 큰 문제가 있는 것은 아니다. 다만 매우 드물게 멍울이 점점 커지거나 붉어져서 누르면 아프다고 하는 경우가 있다. 이럴 때는 반드시 소아과에 데려가야 한다.

닥터 맘의 한마디!

단순히 귀의 좌우 모양이 다른 것은 별 문제가 없지만 귀 뒤의 멍울이 커지는 등 이상 징후가 생기면 바로 소아과 전문의와 의논해 보자!

혈액형을 꼭 알아야 하나요?

Ⓐ 가끔 아이의 혈액형을 확인하기 위해 병원을 찾는 부모들이 있다. 이유를 물어 보면 어린이집이나 유치원에 내는 서류에 혈액형을 적는 칸이 있어서라든지, 만약의 일을 대비해 알아둬야 할 것 같아서라고 대답한다.

하지만 유치원에 내는 서류에 꼭 혈액형을 적을 필요는 없으며 심지어 빈칸으로 제출해도 그다지 큰일날 일은 없다. 또한 긴급 상황에서 수혈을 하는 경우, 가족의 정보라 해도 정확하지 않을 수 있기 때문에 반드시 혈액 검사를 거친다.

혈액형을 모르는 게 큰일은 아니다. 그런데도 아기의 혈액형을 굳이 알고 싶어 하는 부모들이 있다. 얼마 전 동료 의사가 한 아기의 혈액형 검사 결과를 보호자에게 대신 좀 전해 달라고 부탁한 일이 있었다. 아기의 어머니와 함께 온 큰아이가 "혈액형이 뭐예요?" 하고 물었는데, 그에 대한 어머니의 답변이 실로 놀라웠다. 그녀는 "네 동생이 성격이 느긋하다는구나."라고 이야기했다. 성격을 알기 위해 혈액 검사를 하는 것이 아니다! 이는 절대로 있을 수 없는 일이다. 아무리 자기 돈으로 검사를 한다고 해도 필요하지도 않은 혈액 검사를 하는 것은 잘못된 일이다. 의료 기관은 검사가 꼭 필요한 사람들을 위해 존재하는 곳이다.

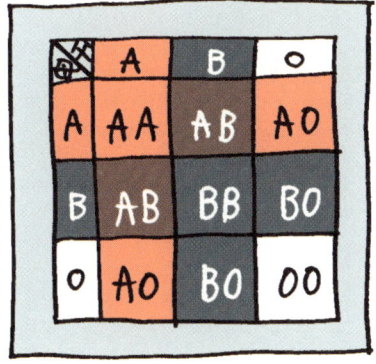

혈액형이라는 것은 일반적으로 적혈구가 가지고 있는 항원 타입을 말한다. 적혈구가 A형인 사람은 혈청 안에 B형 항체를 가지고 있고, 적혈구가 B형인 사람은 A형 항체를 가지고 있다.

따라서 혈액형이 같으면 응고하지 않지만 A형과 B형인 사람의 혈액이 섞이면 A형 항원을 가진 혈구와 항체, B형 항원을 가진 혈구와 항체가 굳어 버린다. 맞지 않는 혈액을 수혈하는 일은 이처럼 매우 위험하다.

혈액형을 분류하는 데는 ABO형 판별법 이외에도 Rh형, Duffy형, MN형 등 약 300가지 분류법이 있다. ABO형 판별법은 네 가지뿐이지만 백혈구는 HLA형이라는 분류법을 이용해 수천 가지로 나눌 수 있다.

당연한 말이지만, 혈액형이 성격과 관련이 있는지에 대해서는 현재까지 입증된 바가 없다. 심지어 외국에는 자신의 혈액형을 모르는 사람도 많다.

닥터 맘의 한마디!

혈액형을 꼭 알아야 하는 것은 아니다.
불필요한 검사는 하지 말자.

제2장

아기의 식사에 관해

Q 모유에서 어머니가 먹은 음식 맛이 나나요?
Q 수유 중에 약물은 복용해선 안 되나요?
Q 수유 중에 기호품은 안 되나요?
Q 트림이 잘 안 나오는데요?
Q 과즙은 일찍 줘야 하나요?
Q 모유는 정말 묽어지나요?
Q 이유식을 늦게 시작하는 편이 좋을까요?

 검진의 이모저모 - 멋진 미소

아기의 성장과 발달이 잘 이뤄지고 있는지, 혹시 질병이 있는지 아닌지를 확인하기 위해서 검진을 할 때, 나는 일반적으로 간단히 답할 수 있는 폐쇄형 질문(close question)을 한 뒤 '뭐든 물어보세요.' 하는 식의 개방형 질문(open question)을 덧붙인다.

예를 들어 우선 "아이가 혼자서 웃나요?" "소리에 깜짝 놀라기도 하나요?" "빛에 반응하던가요?" "응가는 매일 봅니까? 무슨 색이지요?" 등의 폐쇄형 질문을 한 후, 제일 마지막에 "혹시 염려되는 점이 있거나 묻고 싶은 것은 없으세요?" 하는 식으로 개방형 질문을 추가하는 것이다. 폐쇄형 질문은 질문의 종류나 순서가 거의 정해져 있는 까닭에 오랫동안 진료를 하다 보면 부모들의 궁금증에 거의 무의식적으로 답변할 만큼 익숙하다. 그런데 위의 내용처럼 예상치 못한 대답을 들으니 순간 당황스러웠다. 하지만 이내 나의 입가에는 미소가 번졌다.

모유에서 어머니가 먹은 음식 맛이 나나요?

Ⓐ '맛있는 모유'나 '맛없는 모유'라는 말을 자주 듣는다. 개중에는 어머니가 먹은 음식의 맛이 그대로 모유에서 난다고 믿는 사람도 있다. 그래서 우선 식사와 모유의 맛의 관계에 대해 설명하고자 한다.

우선 '맛'이란 무엇일까? 맛의 정체는 이온, 설탕, 펩티드, 아미노산, 단백질에서 찾을 수 있다. 이러한 성분을 합쳐서 어떤 맛이든 인공적으로 만들 수가 있기 때문이다. 우리가 음식을 입에 넣으면 혀나 연구개, 인두부 등에 있는 미뢰에서 맛을 감지한다. 이 미뢰가 맛의 정체인 각 성분이 주는 자극을 전기 신호로 바꾸어서 미각 신경을 통해 뇌로 전달함으로써 맛을 인식할

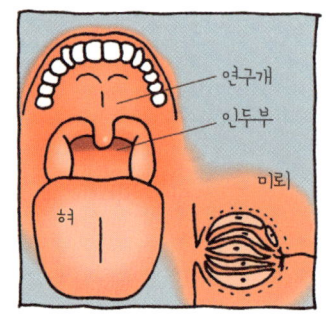

수 있는 것이다. 뇌 스스로 '필요한 것=맛있다' '유해한 것=맛없다'라고 느끼게 되어 있기 때문에 '지금 내 몸에 필요한 음식이 무엇일까?', '눈앞에 있는 이 음식이 몸에 나쁜 건 아닐까?' 하고 일일이 신경 쓰지 않아도 된다. 이렇게 우리가 먹은 음식은 식도나 위, 장과 같은 소화 기관에서 소화되는데 먼저 전분은 당으로, 단백질은 아미노산으로, 지방은 지방산과 글리세롤로 잘게 분해된다. 그런 뒤 당과 아미노산은 소화 기관에서 간문맥을 통해 간장에서 대사되어, 간정맥을 통해 심장으로 간다. 지방 역시 재합성되어 림프관에서 흉관을 통해 정맥으로 들어가 심장으로 가게 된다. 그리고 이 모든 것이 심장에서 온몸으로 보내진다.

그렇다면 모유는 어떻게 만들어질까? 모유는 모체의 내흉동맥과 측흉동맥에서 보내진 혈액을 재료로 유방 안에 있는 유선체에서 만들어진다. 이처럼 소화된 영양분을 운반하는 간문맥이나 림프관과 모유를 만드는 곳이 직접 연결되어 있는 것이 아니므로 먹은 것이 그대로 모유가 되지는 않는다.

또한 우리의 몸은 주변 환경이 바뀌어도 항상 같은 상태를 유지할 수 있는데 이를 '항상성'이라고 한다. 그래서 바깥 날씨가 춥든 덥든 체온이 일정하게 유지되듯이 염분을 많이 섭취해도 혈액은 짜지지 않고 당분을 많이 섭취해도 일정 정도 이상 달게 변하지 않는다. 이러한 이유로 혈액 속의 지방산은 음식의 성분에 따라 달라지지만 그렇다고 해도 모유 속 지방의 양은 그다지 변하지 않는다. 체내의 산성이나 알칼리성 역시 지방처럼 일정 상태로 유지된다.

실제로 영양 상태가 다른 북유럽과 아프리카 어머니의 모유를 비교 분석해 보니 그 결과가 거의 같았을 정도로 모유는 항상성이 잘 유지된다고 한다.[4]

이처럼 모체에는 원래 자신의 몸을 희생해서라도 모유의 양과 성분을 유지하려는 성질이 있다. 때문에 행여 모체의 영양이 조금 부족하더라도 모유의 성분에는 거의 변화가 없다.

물론 지나치게 극단적인 경우에는 그렇지 않다. 가령 엄격한 채식주의자라서 동물성 단백질을 거의 섭취하지 않은 경우, 모체의 단백질 농도 역시 낮아지는 경향이 있다고 한다.[5]

또한 반대로 하루에 40~50g의 단백질 섭취량을 100~165g으로 극단적으로 늘릴 경우, 모유 안의 단백질 농도 또한 올라간다고 한다.[6]

그렇다고 해도 매일 평소보다 단백질 섭취량을 2~3배 늘렸

을 때 통계적으로 약간의 변화가 있는 정도다.

모유 속 지방의 농도는 수유를 하는 동안 어머니가 어떤 식사를 하느냐보다 임신 중 최대 체중일 때의 BMI(Body Mass Index, 체지방률)와 더 연관이 있는 것으로 알려졌다. 즉 임신 중에 축적된 지방량이 많을수록 모유의 지방 농도도 역시 높아진다는 말이다.[7]

모유 속의 유당의 농도 역시 식사할 때 탄수화물의 섭취량이 변한다고 해서 달라지지 않는다.[8]

나아가 모유 속의 칼슘이나 철의 농도 또한 어머니가 칼슘제나 철분제를 복용해도 변하지 않는다. 그러므로 철분제를 먹고 있는 어머니의 모유에서 철분 냄새가 날 리는 없다. 결국 종합해 보면 어머니가 먹는 음식이 모유의 맛을 바꾸지는 못한다는 얘기다.

그런데도 실제로 '엄마가 먹은 음식의 맛이 모유에서도 나타난다.'라고 버젓이 주장하면서 모유가 맛이 있으면 아기가 좋아하는 반면, 맛이 없으면 싫어서 먹지 않는다, 라고 안내하는 관련 정보들이 적잖다. 도대체 무슨 근거로 그런 말을 하는지?

어머니가 무엇을 먹으면 모유가 맛있어지고 무엇을 먹으면 맛없어진다는 이야기는 과학적으로 증명된 바 없다. 미각 센서를 사용한 연구 논문에서도 그 차이는 증명되지 않았다. 또한 아기가 좋아하는 맛인지 판단하는 데는 주관적인 의견이 개입될 수밖에 없다. 맛에 대해 객관적으로 평가하기란 힘든 일이기 때문. 따라서 편식하지 말고 평소대로 식사하는 것이 중요하다.

닥터 맘의 한마디!

무엇을 먹든 모유의 맛은 크게 달라지지 않는다.
편식하지 말고 평소대로 식사하자!

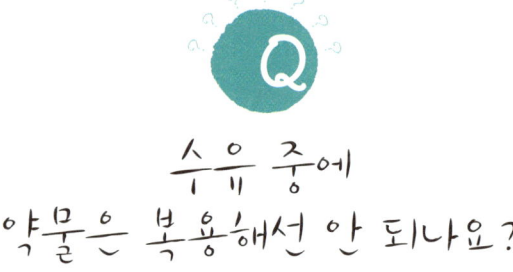

수유 중에 약물을 복용해선 안 되나요?

A 수유 중에는 머리가 아프거나 감기에 걸려도 절대 약을 먹지 않고 참는 어머니들이 많다. 혹시 약을 먹으면 모유에 약 성분이 섞여 나오지 않을까 하는 우려 때문이다. 하지만 약 성분이 모유로 나오기는 해도 아기에게 거의 영향을 주지 않을 정도의 소량인 경우가 많다.

세계보건기구(WHO)는 수유 중 어머니의 약물 복용에 관한 지침을 내놓았는데 이에 의하면 일부 약은 모유에 녹아나거나 아기에게 큰 영향을 끼치므로 주의해야 한다. 특히 항암제를 복용했다면 절대 모유 수유를 해서는 안 된다고 당부한다.

그 밖에 테트라사이클린(tetracycline)이라는 항생제는 아기의

치아나 뼈의 색소 침착 문제에 관한 안전성을 알 수 없으므로 수유 중에는 복용을 피하는 것이 좋다.9)

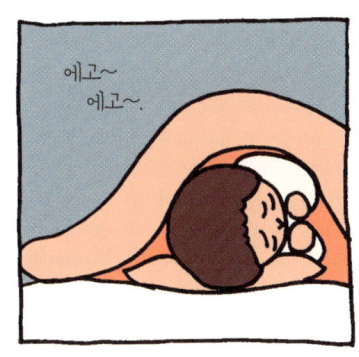

실제로 이 항생제를 사용하면 앞으로 자라날 치아나 뼈가 갈색으로 침착될 수 있어서 보통 아이에게는 처방하지 않는다.

테트라사이클린이 모유에 얼마나 녹아날 때 아이에게 영향을 미치는지 역시 알 수 없기 때문에 아예 복용하지 않는 것이 최선이다.

하지만 그 외에 일반적인 항생제, 위장약, 감기약, 항히스타민제 등은 어지간히 많은 양이 아니고선 아기에게 지장을 주지 않는다.

많은 양이라는 것도 가령 하루 세 번에 나누어 먹을 양을 한꺼번에 전부 먹었다든지 며칠분의 약을 하루에 전부 먹었다든지 하는 식으로 지정된 분량을 훨씬 넘긴 경우를 말한다. 수유 중이라고 해도 의사의 지시대로 또는 시판 약의 경우 설명서대로만 복용하면 아기에게 모유를 먹여도 괜찮다.

물론 사실 감기약을 먹었다고 해서 감기가 낫는 것은 아니다.

발열이나 두통 같은 증상은 가벼워질지 모르지만 실제로 약이 효과가 있었던 것인지 아니면 시간의 경과에 의해 나은 것인지는 구분하기 어렵다.

그러하기에 의사나 약사 중에는 감기에 걸려도 약을 먹지 않는 사람이 많다. 필자 역시 감기에 걸리면 푹 쉬고 잘 자는 편이 감기약을 먹는 것보다 중요하다고 생각한다.

하지만 어린 아기가 있는 어머니들은 감기에 걸려도 쉴 틈이 없다. 이 경우 고통스러운 증상을 조금이라도 완화시키기 위해 약을 먹는 것은 결코 나쁜 일이 아니다.

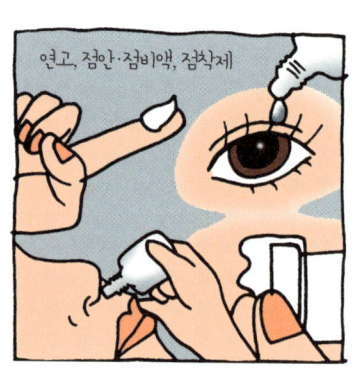
연고, 점안·점비액, 점착제

또한 먹는 약이 아닌 연고나 크림 등은 주로 국소 부위에만 바르므로 혈액 속으로 흡수되는 일이 거의 없다. 따라서 모유로도 거의 옮겨 가지 않는다.

한편 눈이나 코에 넣는 물약은 점막에서 흡수되므로 피부에 바르는 것보다 혈액 속으로 흡수될 가능성이 높지만 약을 넣은 국소 부위 이외에는 극히 미량만 옮겨지므로 걱정할 필요는 없다.

다만 피부에 붙이는 테이프 형태의 약(기관지 확장약이나 혈관 확장약 등)은 먹는 약과 같아서 전신에 투여되므로 유의하여 올바로 사용해야 한다.

　물론 수유 시의 약 복용은 담당 의사와 의논해서 결정하는 것이 가장 좋은 방법이다. 다음 쪽의 표와 인터넷 사이트[10]도 수유 시 약 복용에 도움을 줄 수 있으므로 참고하기 바란다.

닥터 맘의 한마디!

수유 중에도 복용할 수 있는 약이 있다!
복용해도 되는 약과 안 되는 약, 제대로 알아
엄마의 건강도 챙기자.

수유 중에 복용해도 되는 약

종류	성분명
해열진통제	아세트아미노펜(acetaminophen)
	이브프로펜(ibuprofen)
	디클로페낙나트륨(diclofenac sodium)
콧물, 기침, 염증약	디말레인산클로르페니라민(d-chlorpheniramine maleate)
	덱스트로메토르판브롬화수소산염수화물(dextromethorphan hydrobromidehydrate)
	엘카르보시스테인(l-carbocisteine)
	암브록솔염산염(ambroxol hydrochloride)
항생제, 항바이러스제	아목시실린수화물(amoxicillin hydrate)
	세프카펜피복실염산염(cefcapene pivoxil hydrochloride)
	세프디토렌피복실(cefditoren pivoxil)
	클래리트로마이신(clarithromycin)
	아지트로마이신수화물(azithromycin hydrate)
	인산오셀타미비르(oseltamivir phosphate)
	염산발라시클로버(valaciclovir hydrochloride)
변비약	산화마그네슘(magnesium oxide)
	센나엽(alexandrian senna)
설사약	로페라미드염산염(loperamide hydrochloride)
위장약	파모티딘(famotidine)
천식약	플루티카손프로피오네이트(fluticasone propionate)
	부데소니드(budesonide)
	테오필린(theophylline)
	몬테루카스트(montelukast)
화분증, 아토피염약	펙소페나딘염산염(fexofenadine hydrochloride)
	올로파타딘염산염(olopatadine hydrochloride)
	로라타딘(loratadine)
	프란루카스트수화물(pranlukast hydrate)

수유 중에 복용하면 안 되는 약

종류	성분명	위험 요인
항생제 면역억제제 일부	메토트렉세이트(methotrexate) 시클로포스파미드(cyclophosphamide)	세포 독성이 높다
향정신성의약품 일부	세레네이스(serenace) 트리플루오페라진(trifluoperazine)	수면 장애, 발달 장애 등
방사성 동위원소*	^{131}I, ^{64}Cu, ^{67}Ga, ^{111}In, ^{99m}Tc	갑상선 기능 저하, 발암 가능성 등
의존성이 높은 약물	각성제, 코카인, 마약	이자극성, 구토, 설사 등

* '방사성 동위원소'란 각종 검사나 방사선 치료에 사용되는 의료용 방사선 물질을 말한다.

※ WHO(세계보건기구)와 UNICEF, 미국 소아과학회는 Hale's Lactation Risk Category(대표적인 모유 수유 안정성 분류)에 따라, 수유부 권장 사용 약품에 대한 가이드라인을 제시하고 있습니다.
표 '수유 중에 복용해도 되는 약/복용하면 안 되는 약'은 이와 같은 자료 및 일본에서 가장 권위 있는 국립성육(成育)의료연구센터(주석 10 참조)의 내용 등을 바탕으로 작성되었습니다.

수유 중에 기호품은 안 되나요?

A 병원을 찾는 어머니들이 기호품에 대해서는 별로 질문을 하지 않아서 책이나 인터넷에서 찾아보는 건가 했는데 '아기에게 좋지 않을지도 몰라…….' 하고 무조건 참는다는 사실을 알았다. 실제로 인터넷 상담 사이트 등에서 수유 중인 어머니가 소량의 기호품을 먹었다고 의사도 아닌 일반인에게 '엄마로서 실격'이라는 낙인이 찍혔다는 이야기를 들은 적이 있다. 하지만 기호품이라고 무조건 섭취하면 안 되는 것은 아니다. 지금부터 대표적인 기호품 몇 가지를 알아보자.

커피

커피는 주성분인 카페인이 문제가 된다. 하루 10잔 이상의 커피를 마시는 어머니로부터 수유받은 아기는 가만 있지 못하고 쉽게 잠을 이루지 못하는 등 카페인에 의한 중추 신경 자극 증상을 보였다는 연구 보고가 있다.

커피 5잔까지는 괜찮다는 연구 결과가 있다.

반면, 하루 5잔까지는 커피를 마셔도 부작용이 없다는 연구 결과도 있다. 그 정도 양이라면 아기에게 크게 나쁜 영향을 주지 않는다고 말할 수 있다.[11]

담배

담배에는 니코틴이나 그 대사산물인 코티닌, 일산화탄소, 타르, 암모니아 등 약 4,000종의 유해 물질이 함유되어 있다.

이 중에서 니코틴과 코티닌이 모유에 주는 영향에 대한 연구 결과가 있다. 수유 중 담배를 핀 경우, 니코틴의 양은 어머니의 혈중 농도를 측정했을 때보다 모유에서 약 1.5~3배 더 높게 나타났다. 그 어머니가 담배를 한 개비 피고 바로 수유하면 체중이 적은 아기는 어른이 담배 한 개비를 핀 것과 같은 양의 니코틴을 입으로 섭취한 것과 같다.[12] 그렇기에 어머니가 담배를 많이 피우면 피울수록 그 모유를 먹는 아기가 섭취하는 니코틴의 양은 증가한다.

나아가 그 밖의 발암 물질을 포함한 4,000여 종의 유해 물질도 어머니가 피우는 담배의 양에 비례해서 아기의 체내에 흡수된다.

또 어머니가 직접 흡연하지 않더라도 주변 사람이 담배를 피우면 간접흡연을 하게 되어 아기가 위험한 수치의 일산화탄소와 많은 알레르기 유발 물질을 흡수하게 된다. 이에 따라 호흡기가 감염될 위험뿐만 아니라[13] 영아 돌연사 증후군(SIDS)의 위험성 역시 높아진다.

그러므로 가능하면 임신을 원하는 시점부터는 어머니는 물론이고 주변의 가족들도 담배를 끊는 편이 좋다. 금연은 언제 시작해도 늦지 않고 어머니 자신에게나 아기에게나 두루두루 좋다.

나아가 껌이나 패치 같은 금연 보조제의 경우, 흡연보다 아기에게 나쁜 영향을 미칠 리는 없으므로 소량 정도 사용하면서 금연하도록 노력해 보자.

만약 도저히 담배를 끊지 못하겠다고 해도 모유를 먹이는 편이 더 좋다. 흡연자 어머니를 각각 모유 수유를 하는 경우와 분유 수유를 하는 경우로 놓고 비교해 보았을 때, 모유 수유를 한 아기가 분유 수유를 한 아기보다 급성 호흡기 감염에 걸릴 위험이 1/7에 그쳤다는 연구 결과가 있다.[14] 그러므로 담배를 못 끊었다고 모유 수유를 포기하지는 말자.

이처럼 담배를 피우더라도 모유는 분유 수유에 비해 가치가 있다. 하지만 적어도 모유 수유 기간 중에는 담배의 양을 줄이거나, 수유 직후에 피워서 담배 피는 시간과 다음 수유하는 시간의 간격을 벌리는 것이 좋다. 그리고 되도록이면 아기가 있는 방에서는 담배를 피우지 않도록 하자.

알코올

분자량이 작은 알코올은 모유에 영향을 준다. 그리고 아기는 알코올을 분해해 몸 밖으로 내보내는 데 오랜 시간이 걸리므로, 만성적으로 음주하는 어머니의 모유를 먹고 자란 아이는 의외로 고농도의 알코올에 노출될 위험이 있다.

알코올이 아이에게 주는 영향을 살펴보면 급성적인 증상으로는 잠을 잘 이루지 못하거나 잘 놀라는 것을 들 수 있다. 또 만성적으로는 인지 능력의 저하와 성장 장애를 수반할 가능성이 있다.

혈액 속의 알코올을 분해하는 데는, 섭취량에 따라 다르겠지만 최소한 두 시간이 걸린다. 어머니가 수분을 많이 섭취하거나 유축기로 모유를 짜서 버려도 모유 속의 알코올 농도를 낮출 수는 없다. 그렇기 때문에 모유 수유 중인 어머니는 알코올을 1단위(20g) 이상 섭취해서는 안 된다.[15] 알코올 1단위란 정종 한 홉, 위스키 더블 1잔(60ml), 맥주 1병(500ml), 와인 1~2잔(200ml)을 말한다.

수유는 장기간 지속되므로 적정 섭취량만 지킨다면 술을 조금 마시는 것은 기분 전환에 도움이 될 수도 있다. 또한 요즘에는 여러 가지 무알코올 맥주나 음료가 시중에 나와 있으므로 그런 것으로 대체해도 좋을 듯하다.

케이크나 과자

유선염을 우려해 지방이 많은 케이크나 과자는 먹으면 안 된다고 생각하는 사람이 많다. 그러나 유선염이 일어나는 것은 케이크나 과자를 섭취해서가 아니라 유방 안에 모유가 축적되었기 때문이다.

만약 수유를 자주 하지 않거나, 아이를 잘 안지 못해서 모유를 제대로 먹이지 못하거나, 또는 옷이나 포대기가 압박해 모유가 없어지지 않고 계속 안에 남아 있으면 유관이 폐쇄되어 유선염에 걸리기 쉽다.[16]

한편 동물성 지방(버터나 생크림 등)의 섭취 때문에 유선염이 걸린다는 것은 의학적으로 증명되지 않았다.[17]

가끔씩 단 것도 먹고 싶지 않은가? 아이를 키우느라 애쓰는 어머니가 케이크나 과자를 먹고 기분 전환을 했다고 벌을 받을 이유는 없다.

닥터 맘의 한마디!

케이크나 과자는 적당량, 커피와 알코올은 소량이라면 OK, 담배는 끊도록 노력하자!

트림이 잘 안 나오는데요?

A 수유 후에 트림을 시키는 이유는 뭘까? 분유나 우유를 먹인다면 젖병 구조상 아기는 반드시 공기를 들이마시게 되어 있다.[18] 한편 아기가 젖을 빨 때(모유는) 평상 시에는 공기가 잘 안 들어오지만, 어머니가 편평 유두나 함몰 유두인 경우에는 젖병을 사용하는 것 못지않게 다량의 공기를 마시게 된다.[19]

또한 아기들은 울 때도 공기를 들이마시는데 특히 수유 전 배가 고파서 울 때 많은 양의 공기를 들이마실 수 있다.

이렇게 공기를 많이 마시면 어른들도 마찬가지지만 배가 빵빵해져서 괴롭다. 수유 직후의 아기의 배를 만져 보면 조금 딱딱하다 싶을 정도로 크게 부풀어 있다. 이렇게 배가 불러 있는 상태일 경우 분유든 모유든 수유 후에 반드시 트림을 시키는 것이 좋다.

가끔 수유 중에 갑자기 아기가 잠이 들어 버려서 트림을 시키지 못하고 재우게 될 때가 있다. 그러면 아기의 위 속에 공기가 가득 차게 돼, 위산이 섞인 모유나 분유가 위에서 식도로 다시 올라와 속이 울렁거리며 불편해질 수 있다. 심하면 아기가 구토하며 괴로워하기도 한다.

그럴 때는 아기를 세워서 안아 주면 좋은데, 중력 덕분에 식도에 있던 모유나 분유가 위로 내려가서 다시 편안해진다. 하지만 그렇다고 계속 안고만 있을 수는 없으므로 트림을 하게 하는 편이 좋다.

일반적으로 트림을 시키는 방법에는 세워 안아서 등을 톡

톡 두드려 트림을 하게 하는 방법과 무릎에 앉혀 등을 아래에서 위로 쓸어올려 주는 방법이 있다. 첫 아기일 경우, 굉장히 조심스럽게 등을 두드리는 부모들이 있는데 고개만 잘 잡아 주면 너무 살살 두드리지 않아도 괜찮다.

  만약 이렇게 했는데도 아기가 트림을 하지 않는다면 그냥 엎어놓아 보자. 그러면 아기의 체중이 자신의 배에 실리면서 위의 입구인 분문이 등 쪽으로 향하게 되어 트림이 쉽게 나오기도 한다. 이때 바로 뉘어 놓으면 아무리 배를 쓰다듬어도 공기가 위에 머물러 빠져나오지 못한다. 등 쪽의 분문이 있는 곳으로 공기가 이동하지 않아 트림이 나오지 않기 때문이다.

  이렇게까지 했는데도 아기가 트림을 하지 못해 괴로워한다면 상반신을 높게 해서 재우는 것이 좋다. 상체를 세울 수 있는 의자가 있다면 편리하겠지만 쿠션이나 수건으로 경사를 만들어 줘도 괜찮다. 고개를 가누지 못하는 아기는 너무 세워 놓지 않도록 주의하자. 자칫 미끄러져 떨어질 수도 있으므로 아기를 잘 지켜봐야 한다.

  다행히 모유나 분유를 먹을 때 공기가 들어가지 않아서 아기를 옆으로 재워도 괴로워하지 않는다면 꼭 트림을 해야 하는 것은 아니므로 애써 트림을 시킬 필요는 없다.

  보통 생후 3~4개월까지 트림을 시키지만 수유 후에 아기가 힘들어 보이지 않으면 트림을 시키지 않아도 괜찮으니 아기의 상태를 봐 가며 결정하자.

세워 안아도, 무릎에 앉혀 등을 쓸어 줘도
트림이 안 나온다면 아기를 엎어서 뉘어 보자.

과즙은 일찍 줘야 하나요?

예전에는 아기가 생후 2~3개월이 되면 여러 가지 맛을 경험해 볼 수 있도록 과즙을 줘야 한다는 얘기가 있었다. 하지만 요즘은 다르다.

미국 소아과학회가 발표한 '아이에게 과즙을 줄 때의 위험성과 적절한 섭취 방법에 대한 권고'(2001년)를 보면, 과즙은 아기에게 다음의 영향을 끼친다.

1. 생후 6개월 미만의 유아에게 영양 면에서 거의 혜택이 없다.
2. 탈수 치료 중이거나 설사 시 음료로 부적절하다.
3. 과잉 섭취는 영양 장애를 초래할 수도 있다.

4. 과잉 섭취는 설사, 고창(장내에 가스가 차서 배가 부른 현상), 복부 비만, 충치에 영향을 줄 수 있다.[20]

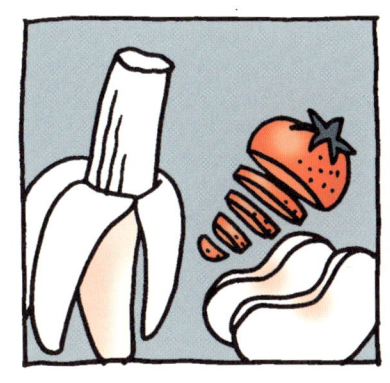

이상만 봐도 과즙은 생후 6개월 미만의 아이에게 좋은 음료는 아닌 것 같다. 실제로 세 번째 항목에 대한 실험으로 생후 4개월 무렵의 건강 검진 시기에 과즙과 이온 음료를 하루 200~300ml 주었더니 체중이 순조롭게 늘지 않는 아이가 있었다고 한다.[21]

필자에게도 트위터로 '생후 6개월 된 아기에게 500ml의 이온 음료를 희석해서 준다'는 사람이 그래도 되는지 질문을 한 적이 있다. 과즙이나 이온 음료를 먹이면 그 양만큼 아기가 모유나 분유를 적게 마시기 때문에 필요한 영양소는 섭취하지 못한 채 체중 증가에만 나쁜 영향을 줄 수 있으므로, 이는 금물이다.

즉 과즙은 치아 건강과 그 외의 건강상의 위험을 피하기 위해서라도 일찍부터 주지 말고 아예 이유식을 할 때 생과일로 주는 것이 좋다.

만약 그래도 과즙을 주고 싶다면 1~2순가락 정도만 주자. 그리고 끓인 물이나 야채 수프 등도 과즙과 마찬가지로 이유식 시작 전에 줄 필요는 없다.

닥터 맘의 한마디!

치아를 위해서나 건강을 위해서나 과즙을 서둘러 줄 필요는 없다!

모유는 정말 묽어지나요?

Ⓐ 출산 후 반년만 지나도 "이제 내 모유는 묽어졌어." 하고 말하는 어머니들이 있다. 모유는 정말 묽어질까? 시간이 지날수록 점점 영양가가 없어지는 것일까?

인터넷에서 이와 관련한 내용을 검색하면 많은 자료가 나오지만 증거나 출처를 알 수 없는 것이 많고, 전문의가 쓴 글도 찾아보기 힘들다. 반면 의료 관련 잡지나 의학 논문에는 과학적인 견지에서 쓰인 글이 몇 개쯤 있다.

그중 하나는 호르몬 분비의 관점에서 쓰인 것인데, 이 논문에 따르면 출산 후 3~4개월 때 모유의 하루 분비량은 평균 800ml에 달하고 그 이후에도 성분은 거의 같다고 한다. 출산 후 1년이

지난 어머니의 체내 프로락틴(prolactin, 유선 자극 호르몬)의 농도는 성인 여성의 평균 수준 이상이라는 점이 바로 그 증거이다.[22]

필자는 이 논문을 읽자 갑자기 모든 것이 달라 보였다. 프로락틴은 모유가 나오게 하는 역할을 하는 호르몬으로 이것이 같은 수준을 유지한다면 만들어지는 모유 또한 변함이 없을 것이라는 사실 때문이었다.

그 외에 또 한 가지, 모유 그 자체에 대한 연구 결과도 있었다. 실제로 출산 후부터 12개월까지 26명의 여성의 모유를 채취해 매달 분석한 결과, 단백질이 1~6개월까지 15~35% 감소했으나 그 후에는 거의 감소하지 않았다. 그 외에 당은 10개월 후에 증가하고 칼슘은 6개월 이후에 감소하는 경향이 있었다. 또한 지방과 에너지의 양은 시간이 지나도 별 변화가 없었다.[23]

그렇다면 무슨 근거로 모유가 묽어진다는 말을 하는 것일까? 단백질의 경우는 출산 직후와 출산 후 6개월 이후의 모유를 비교해 봤을 때 줄어든다고 말할 수 있을지도 모른다. 출산 후 6개월 무렵 모유 속의 단백질 농도는 0.90g/dl이고 12개월 무렵엔 0.79g/dl로 약간의 차이가 있었다. 통계적으로는 의미 있을지 모르나 사실 별로 크게 다른 수치는 아니라는 게 내 생각이다.

게다가 뇌에 직접적인 영향을 주는 당과, 뇌를 만드는 재료인 지방, 살아가는 데 필요한 에너지의 양 등은 변하지 않기 때문에 모유가 묽어진다고는 볼 수 없다.

다만 오직 모유에서만 영양을 공급받는 경우, 이유식을 시작하는 5~6개월경부터 이유식을 마치는 12개월경에는 칼슘이나 철, 비타민 함유량이 적어지므로 식사로 이를 보충해 줘야 한다. 모유의 성분이 변해서라기보다는 아기가 성장함에 따라 필요한 영양분이 증가하기 때문이다. 그러므로 이유식을 시작할 무렵 차츰 모유에서 고형 식사로 옮겨 가는 편이 좋다.

결론적으로 '내 모유는 묽어서······.' '영양가가 없어서······.' 같은 근거 없는 이야기는 전혀 신경 쓰지 말기 바란다.

하루 1~3회의 이유식을 준다면 아기가 원하는 만큼만 수유를 계속하면 된다. 단 식사 전에 모유를 주지 말고 식후나 간식 시간에 모유를 주자.

닥터 맘의 한마디!

모유는 묽어지지 않는다! 이유식과 병행해서 주자.

이유식을 늦게 시작하는 편이 좋을까요?

A 이유식을 늦게 시작하면 아이의 건강에 이롭고 알레르기까지 예방할 수 있다는 이야기가 있다. 이는 사실일까?

갓 태어난 아기에게 모유나 분유는 완전식품이어서 그것만 가지고도 충분한 영양분을 섭취할 수 있다. 하지만 생후 5~6개월이 되면 모유나 분유만으로는 필요한 만큼의 칼슘, 철, 비타민 등과 같은 영양분을 채우기가 어렵다.

그렇기 때문에 생후 5~6개월 무렵엔 대부분 이유식을 시작하는 것이 좋다. 또한 이 지침에는 그럴 만한 근거가 있는데 입에 들어온 것을 혀로 내뱉는 '내뱉기 반사'가 사라지는 것이 5개월경으로 아기가 숟가락을 싫어하지 않는 시기와 일치하기 때문이다.

알레르기를 일으키기 쉬운 아기에 대해서는 다음의 내용을 참고해 보자.

1. 완전히 모유로만 영양을 공급하도록 한다.
2. 이유식 시기를 늦춘다.
3. 알레르기를 일으킬 확률이 높은 음식(달걀, 땅콩 등)은 제한한다.

하지만 이것들을 실천한다 해도 심지어 세 항목을 모두 병행한다 해도, 알레르기 발병을 억제할 수 없다는 사실이 밝혀졌다.[24]

또한 다른 연구에서는 이유식 시작 시기를 너무 늦추면 오히려 알레르기가 발병하기 쉽다는 결론을 내렸다. 오히려 이유식을 시작하는 게 알레르기 유발 물질이 장을 지날 때 소화 기관을 통해 내성을 유도하는 효과가 있어 알레르기의 발병을 예방할 수 있다고 한다.[25]

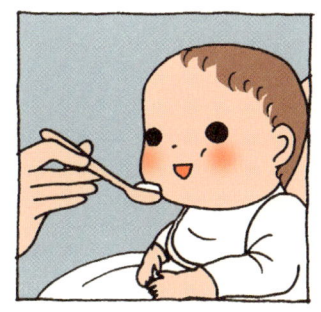

그리고 알레르기의 원인 물질

이 입으로만 들어온다고 할 수는 없다. 모유나 분유, 이유식을 통해 입으로 들어오는 것 말고도, 아토피성 피부염 등의 질환 때문에 피부를 지키는 보호층이 제 기능을 못할 때는 피부 세포의 틈새로 들어오는 경우도 있다.

원래 아기에게 습진이 생겼을 때는 피부가 과민하게 반응하기 때문에 뭔가를 먹었을 때 더 가려워지거나 습진이 악화되기도 한다.[26]

그러므로 음식 알레르기가 의심될 때는 자의에 의해 아기에게 주면 안 되는 음식을 판단할 게 아니라 반드시 알레르기 전문 소아과 의사에게 진찰을 받아야 한다.

급성장하는 아기들에게는 균형 잡힌 식사가 필요하다. "모유나 분유 외에는 알레르기의 원인이 될 수 있기 때문에 만 30개월까지는 먹이지 말자." "야채나 쌀은 주지 말고 고기나 생선 같은 단백질만 주자." 같은 극단적인 육아법에 현혹되지 말기 바란다.

닥터 맘의 한마디!

이유식을 늦게 시작하는 것은 오히려 아기의 몸에 좋지 않다!

제3장

아기의 일상생활

Q 신생아는 언제부터 외출해도 될까요?
Q 빠는 것은 좋지 않은가요?
Q '아기 목욕'은 언제까지 시켜야 하나요?
Q 감기 걸렸을 때 목욕시키면 안 되나요?
Q 아무리 애써도 잠을 안 자는데요?
Q 계속 우는데 괜찮을까요?

의사에게는 무엇이든 질문하자? - 자신감을 가져요!

진료를 하다 보면 다양한 질문을 받는다. "기저귀는 언제 큰 사이즈로 바꿀까요?" "전철에서는 아기를 안을까요, 무릎에 앉힐까요?" 등…….

의사는 아픈 데를 낫게 돕는 사람이지 육아 전문가는 아니다.

'그런 것은 당신 어머니께 물어보는 편이…….' 하는 생각도 들지만 사실 요즘에는 부모보다 할머니들이 오히려 걱정이 많다. 여성의 초산 연령이 높아지기 때문인지도 모른다. 옛날에는 50대 무렵에 손자를 보는 경우가 많았던 터라 자신이 아이를 어떻게 키웠는지 기억하는 사람이 많았다. 그러나 지금은 60~70대가 돼서야 손주를 보는 사람이 많으므로 육아 기억이 희미한 경우가 많다. 필자는 이를 '만조모화'(늦은 나이에 할머니가 되는 현상)라고 부르고 있다. 또 아이가 감기에 걸리면 부모가 아이를 제대로 돌보지 않아서 그렇다고 생각하는 사람들이 종종 있다. 아이들은 원래 유행하는 가벼운 병에도 걸리고 낫고 하면서 성장하는 법인데 말이다.

부디 자신들의 육아에 자신감을 갖기 바란다.

Q

신생아는 언제부터 외출해도 될까요?

A 생후 한 달 차 건강 검진 무렵 "아기는 언제부터 외출해도 되나요?"라고 묻는 사람들이 있다. 대개 생후 한 달이 지나면 조심스레 외출을 시작하지만 딱히 의학적인 근거가 있는 것은 아니다. 따라서 아직 한 달이 안 되었다고 절대 외출해서는 안 될 이유는 없다.

필자는 이런 질문을 하는 부모들에게 "날씨나 시간대를 고려해서 서서히 외출을 시도해 보세요."라고 조언한다. 첫 외출은 여름이라면 시원한 아침

제3장 아기의 일상생활

이나 저녁 시간이 좋고, 겨울이라면 따뜻한 낮 시간이 좋다. 또 아기는 어른에 비해 면역력이 약하므로 감기가 유행하는 계절에는 사람들이 많이 모이는 곳은 피하고, 처음에는 잠깐씩 데리고 나가는 것부터 시작하자. 그러면서 차츰 외출 시간을 늘리되 기저귀를 갈고 수유할 수 있는 곳을 미리 알아 두면 좋다. 그러나 외출 시기에 대해 지나치게 예민할 필요는 없다.

"언제부터 아기를 멀리 데리고 다녀도 괜찮을까요?"라는 질문도 마찬가지다.

주로 어머니들이 장거리 출산을 마친 후 집으로 돌아가야 할 때나 이후 친정집에 머물기 위해, 혹은 아이를 데리고 여행을 떠나고자 할 때 많이 하는 질문이다. 이럴 경우 역시 의학적으로 근거 있는 대답은 없다. "지하철과 자동차 중에 어느 것을 타고 가는 게 더 나을까요?"라는 질문 역시 경우에 따라 답이 다르다. 유행성 질병이 널리 퍼져 있는 때라면 당연히 자동차가 낫고, 멀리 갈 때는 기차나 지하철이 좋을 수도 있다. 이 경우, 다음의 표를 참고하기 바란다. 자가용을 이용할 때는 흔들린 아기 증후군(Shaken baby syndrome, 아기의 팔이나 어깨가 심하게 흔들려 생기는 치명적인 증세. 뇌출혈이나 늑골골절 등을 유발한다.−옮긴이)에 시달리지 않도록 유아용 카시트를 활용하되 아기가 작아서 고개가 불안할 때는 수건 등으로 빈 공간을 채워 주도록 한다.

자가용과 대중교통의 비교

	자가용	대중교통
장점	• 원하는 시간에 이동할 수 있다 • 짐이 많아도 실을 수 있다	• 예정대로 이동할 수 있다 • 수유 공간이 있는 경우, 기저귀를 갈기 편하다
단점	• 흔들린 아기 증후군 위험이 있다 • 차가 막히면 늦을 수 있다	• 유행성 질환에 감염될 위험이 있다 • 주변 사람들에게 불편을 끼칠까 우려된다
주의점	• 카시트를 올바로 설치해야 한다 • 휴식 시간을 자주 가져야 한다	• 화장실이나 수유 공간이 가까운 곳에 자리를 잡는 게 좋다 • 환승 시간을 넉넉히 잡는 게 좋다

닥터 맘의 한마디!

계절이나 시간대, 장소를 잘 고려한다면 외출은 언제든지 가능하다.

빠는 것은 좋지 않은가요?

A 아기는 생후 3개월경까지 입으로 빠는 '흡철 반사'를 한다. 젖을 빨기 위해 자연스럽게 생겨난 원시적인 반사 행동이라 배가 고프지 않아도 입으로 뭔가를 찾는다든지 빠는 동작을 한다. 심지어 임신 중에도 태아가 자신의 손가락을 빠는 모습을 사진에서 볼 수 있다.

하지만 흡철 반사가 사라져도 아기는 뭔가를 물고 빨려고 하는데 이는 정서적인 안도감을 얻고자 하는 행동이다. 필자가 근무하던 NICU(신생아 중환자실)에서는 아기가 아파할 만한 채혈 같은 처치를 한 후에는 바로 노리개젖꼭지를 물려 줬다. 이렇게 하면 노리개젖꼭지를 주지 않았을 때보다 심박 수가 더 빨리 정상치로 돌아온다는 연구 결과가 있기 때문이다.

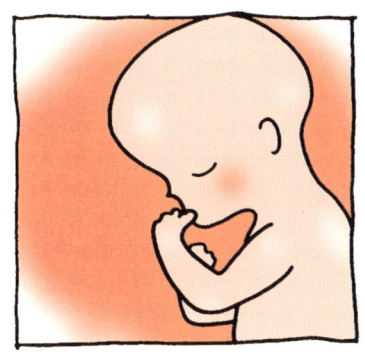

그래서 필자는 아무리 달래도 아기가 울음을 그치지 않아 고민하는 부모에게 노리개젖꼭지를 권하곤 한다. "이렇게 어린 아기에게 써도 되나요?"라며 놀라는 사람도 있지만 노리개젖꼭지는 당연히 아기가 어리기에 사용하는 물건이 아닌가?

물론 노리개젖꼭지를 싫어하는 아기도 있고, 모유 수유를 위해서는 별로 바람직한 일이 아닐 수도 있다. 또 노리개젖꼭지를 오랜 시간 사용하면 영구치의 고른 배열에 영향을 줄 수도 있다.

하지만 공공장소에서 아기가 너무 울거나 늦은 밤 이웃집이 신경 쓰인다면 한번쯤 활용해 보자.

노리개젖꼭지나 손가락을 빠는 행위는 시간이 지나면 자연스럽게 사라진다. 만약 그런데도 무언가를 빠는 버릇이 고쳐지지 않는다면 아

기의 문제라기보다는 부모와의 관계가 그 원인일 경우가 많다. 그럴 때는 혼자서 고민하지 말고 신뢰할 수 있는 가족이나 친구, 의사 등과 의논해 보자.

닥터 맘의 한마디!

아기가 울음을 그치지 않는다면 한번쯤은 노리개젖꼭지를 사용해 볼 필요가 있다.
시간이 지나면 빠는 버릇은 사라지게 되어 있다.

'아기 목욕'은 언제까지 시켜야 하나요?

А 이 질문은 아기 욕조를 따로 사용하지 않고 '언제부터 아기와 함께 목욕할 수 있을까요?'라는 뜻이다. 다른 소아과 의사가 쓴 책 중에 '생후 약 한 달, 보호자가 육아에 익숙해질 무렵부터는 아기와 함께 목욕을 해도 좋다'라는 내용이 있기도 하지만 필자는 생각이 조금 다르다.

전에 외국에서 살다 온 어머니에게 "아기는 매일 목욕시키고 계시지요?"라

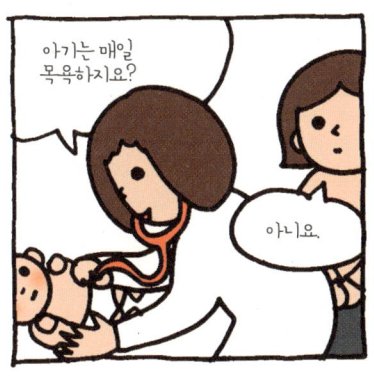

고 당연한 듯 물었다가 "아니요."라는 답변에 당황해한 적이 있다. 그 어머니는 건조한 지역에서 나고 생활한 터라 탯줄이 떨어지기 전까지는 목욕을 시켜서는 안 된다는 생각을 가지고 있었다. 미국에서 아기를 출산한 필자의 친구도 병원에서 탯줄이 떨어질 때까지는 목욕시키지 말고 그냥 닦아만 주라고 했다고 한다.

'아기를 매일 씻기지 않아도 된다!'

나는 늦게나마 이 새로운 사실을 깨달았다. 하긴 모든 나라에

서 아기를 매일 목욕시키는 것은 아닐 테고 아기 욕조를 사용하지 않는 나라 또한 많을 것이다. 이후로 여름에는 습도가 높고 땀을 많이 흘리므로 되도록 매일 씻기는 편이 좋겠지만 겨울에는 굳이 씻기지 않아도 될 때가 있으리라는 생각이다. 그 외에도 "몇 시쯤 목욕시키는 것이 좋을까요?"라는 질문도 많은데 되도록 깊은 밤 시간만큼은 피하도록 하자.

사실 아기 욕조는 집에 욕조가 없던 시대의 유물이지만 있으

면 당연히 편리하다. 그러나 아기 욕조를 사용하는 것이 힘들다면 굳이 쓸 필요가 없고, 물만 깨끗하다면 부모와 함께 목욕을 해도 괜찮다.

> **닥터 맘의 한마디!**
>
> 처음부터 아기 욕조를 사용하지 않고 함께 목욕해도 괜찮다.

감기 걸렸을 때 목욕시키면 안 되나요?

감기에 걸린 아기를 목욕시켜야 할지 말지 고민하는 부모들이 많다. 그렇다면 목욕에는 어떤 효과가 있을까? 보통 30~40도의 미지근한 물에 몸을 담그면 맥박 수가 줄고, 41~42도의 뜨거운 탕에 몸을 담그면 맥박 수가 증가하게 된다. 또한 욕조 안에 있을 경우 호흡이 길어지지만 너무 오래 들어가 있으면 오히려 짧아진다고 한다. 소화 기관에 문제가 있을 경우 목욕을 하게 되면 장의 움직임이 줄어들어 통증이 가벼워지기도 한다. 목욕이 근육의 긴장을 풀고 통증을 완화하는 효과를 지녔기 때문이다. 특히 미지근한 물에 몸을 푹 담그면 긴장이 풀려 잠이 잘 온다.

이처럼 목욕은 몸에 부담을 주지 않으므로 목욕을 시켰다고 해서 감기가 악화되지는 않는다. 즉 '감기에 걸렸을 때는 목욕을 삼가는 것이 좋다'라는 말은 '아기가 힘들어 보인다면 목욕까지 시킬 필요는 없다' 정도의 뜻으로 보면 된다. 그렇지만 열의 높낮이와 상관없이 열이 없어도 몸이 안 좋아 보이면 목욕을 시키지 않는 것이 좋다.

반대로 열이 좀 나도 기운이 넘치면 목욕을 해도 무방하다. 이는 부모가 아이의 상태를 봐서 결정할 일이다.

단, 열이 있을 때 목욕을 시키려면 약간 미지근한 물에 잠시만 몸을 담그도록 해야 한다. 흔히들 몸을 뜨겁게 해 땀을 많이 흘리면 열이 내린다고 믿는 사람들이 있지만 이는 사실이 아니다.

뜨거운 욕조에 몸을 담그거나 오랫동안 목욕을 시키면 몸이 피로해질 뿐만 아니라 체내에 열이 쌓여 더 힘들어진다. 게다가 발열로 수분을 잃기 쉬

운데 땀까지 흘리면 수분을 더 빼앗겨 탈수 증상에 빠질 수 있다. 또한 목욕 후 감기에 걸릴까 봐 옷을 많이 입히고 수건으로 아기를 둘둘 마는 것은 오히려 좋지 않은 행동이다.

닥터 맘의 한마디!

열이 있든 없든 아기가 힘들어하지만 않으면
미지근한 물로 얼른 목욕시키자.

아무리 애써도 잠을 안 자는데요?

아기가 잠을 잘 자지 않으면 부모 역시 수면 시간이 부족해지는데 이러한 수면 부족은 아이를 기르는 데 가장 힘든 부분 중 하나다. 우선 아기가 몇 시간 정도 자는지부터 알아보자. 다음 쪽에 나이에 따른 수면 시간을 정리한 표가 있다.[27] 이 표를 보면 생후 한 달 된 아기의 수면 시간은 약 9시간~19시간으로 개인차가 상당히 크다는 사실을 알 수 있다.

문화마다 생활 습관이 다르고 그에 따라 수면 시간도 영향을 받으므로 몇 시간 자는 것이 적당한지에 대한 의견 역시 분분하다. 아기들은 보통 처음에는 밤낮없이 자다 깨다를 반복하고 만 24개월까지는 오전 중에도 자므로 원래 수면 리듬이 일정하지

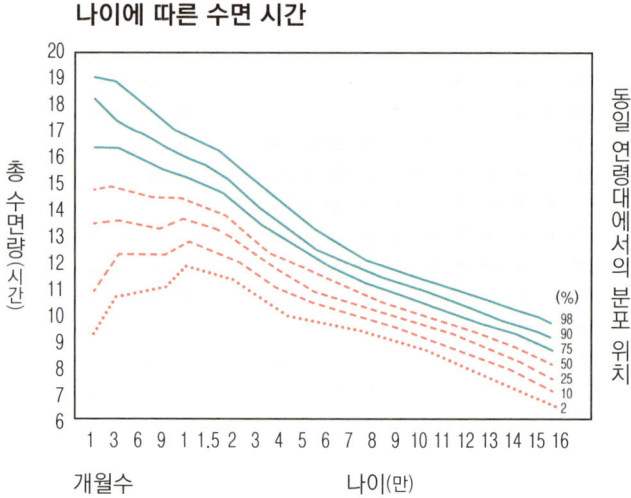

(※9개월 아기가 약 14~15시간을 잔다고 했을 때, 이는 동일 연령대의 아이들 중 총 수면량이 상위 50% 정도에 해당한다는 뜻임.)

않다. 그래서 필자는 부모가 오전 10~12시 사이에 졸린 기색 없이 건강하게 활동할 수 있는지 여부에 따라 아기가 적정한 수면 리듬으로 생활하는지를 판단하기도 한다.

그렇다면 아기의 수면 리듬이 고르지 못하면 어떻게 될까? 여기 만 48~70개월 아이들을 A 집단과 B 집단으로 나누어 수면 습관과 행동에 대해 비교한 연구 결과가 있다.

A 집단: B 집단의 조건에 하나도 들어맞지 않는 아이.

B 집단: 1. 21시 이후 외출하는 일이 일주일에 2번 이상이다.

2. 23시 이후가 되어야 잠자리에 드는 일이 일주일에 4일 이상이다.

3. 외출했다 21시 이후에 돌아오는 일이 일주일에 3일 이상이다.

B 집단은 이 중 하나 이상에 해당하는 아이.

그 결과, 1. 수면 시간의 길고 짧음은 결과에 영향을 미치지 않는다,

2. B 집단이 A 집단보다 문제 행동이 많다,

3. 늦게 자고 늦게 일어나는 것, 생활 리듬이 불규칙한 것은 아이의 문제 행동으로 이어진다.

4. 자는 시간이 이르고 규칙적일수록 문제 행동이 적다는 사실이 밝혀졌다.[28]

역시 늦게 자고 불규칙적인 생활을 하는 것은 바람직하지 않은 것으로 나타났다. 그러면 몇 시에 재워야 일찍 재우는 것일까? 전 세계 17개국에서 실시한 조사에 따르면 아이들

이 가장 늦게 자는 곳은 홍콩으로 평균 22시 17분이었고, 가장 일찍 자는 나라는 뉴질랜드로 19시 28분이었다. 일본은 11시간 37분으로 수면 시간이 가장 짧았고 아이들이 가장 오래 자는 곳은 뉴질랜드로 13시간 18분이었다.[29]

가령 아이를 21시에 재우면 홍콩에서는 이른 편이고 뉴질랜드에서는 늦은 편에 속하는 셈이다. 많은 부모가 늦어도 저녁 9시쯤에는 아이를 재우고 싶어 하지만 맞벌이를 하는 가정은 현실적으로 쉽지 않다. 가령 저녁 7시에 아이를 어린이집에서 데려와 저녁 식사와 목욕을 마치고 나면 이미 시간이 상당히 늦어지기 때문이다. 그래서 어떻게 하면 각자에 맞는 생활 리듬을 만들어 아이를 쾌적하게 재울 수 있을지 생각해 보았다.

신생아의 경우 방의 밝기는 수면 시간에 거의 영향을 미치지 않는다. 반면 출생한 지 3개월 된 유아는 방이 밝으면 밝을수록 어두울 때에 비해 잠드는 데 걸리는 시간이 길어졌다.[30] 또한 자궁 안의 소리를 카세트테이프에 녹음했다가 들려줘도 비교적 잘 잔다는 것을 알 수 있다.[31] 한편 침구는 어떤 것을 골라야 할까? 여기 세 종류의 침구를 비교한 연구 결과도 살펴보자.

침구 A: 이불: 폴리에스테르(520g), 요: 폴리에테르.

침구 B: 이불: 울(900g), 요: 폴리에스테르.

침구 C: 이불: 새털(440g), 요: 폴리에스테르로 실리카 겔이 든 요.

이 중에서 '침구 C'가 아이가 가장 잘 잘 수 있는 환경으로 뽑혔다. 이불이 가볍고, 이불과 요 모두 통기성이 좋아서 침구 속의 습도가 낮기 때문이다.[32]

나아가 아이가 밤에 자다가 깨느냐 안 깨느냐는 부모의 나이, 어머니의 취직 유무, 주거 형태, 아이의 성별, 출생 순위, 키, 체중, 카우프 지수(아기의 키와 체중의 밸런스) 등과는 전혀 관계없다는 연구 결과도 있다. 단 취침 시간이 불규칙하면 아기가 한밤중에 깨어날 확률이 높아진다고 한다.[33]

요약하면, 아이를 빨리 재우기 힘든 가정에서는 되도록 일정한 시간에 방을 어둡게 하고 통풍이 잘 되는 침구에 아이를 자게 하는 것이 좋다.

> **닥터 맘의 한마디!**
>
> 가능하면 매일 같은 시간에 잠들기 쉬운 환경을 조성해 주자.

계속 우는데 괜찮을까요?

"아이가 너무 우는데 괜찮을까요?"라고 묻는 부모가 있는가 하면, 반대로 "아이가 울지 않는데 괜찮을까요?"라고 묻는 부모도 있다. 뭔가 질병이나 장애가 있어서 울지 않는 경우도 있지만 매우 드문 경우다. 어쨌든 안 우는 것보다는 많이 우는 쪽이 당연히 더 힘들다.

어느 연구 결과에 따르면 태어난 지 8일을 넘기지 않은 신생아가 하루에 우는 시간은 평균 117분(최대 243분, 최소 48분)이라고 한다. 또한 생후 8~48일 된 아기가 하루에 몇 번 우는지 확인한 결과 평균 4번(최소 0.6번, 최대 11.1번)이었다고 한다.[34]

하루에 1시간도 채 안 울든 4시간을 울든 이는 개인차일 뿐이다. 하루에 0.6번 울었다는 것은 아예 울지 않은 날도 있었다는 얘기다. 그러나 아기가 하루에 10번 이상 운다면 이것은 보통 일이 아니다. 많은 연구 결과에서 하루에 3시간 이상 우는  날이 일주일에 3일 이상 있으면 이를 과잉 울음이라 말하기 때문이다.[35]

그렇다고 '오늘 하루 운 시간을 합치면 이제 곧 3시간째인데 너무 많이 우네······.' 하고 걱정할 필요는 없다. 물론 아기가 울음을 그치지 않으면 부모들은 어쩔 줄 모르고, 왜 우는지 어디가 잘못된 것은 아닌지 걱정하기 마련이다.

만약 기저귀가 깨끗하고, 모유나 분유도 충분히 먹었고, 트림까지 해서 곧 잘 것 같은데 계속 운다면 뭔가 불안해서일 수도 있다. 그럴 경우, 엄마 뱃속에 있을 때처럼 아이의 몸을 어른 몸에 밀착되게 안아 걸어 다닌다거나 아기의 손을 움켜쥐고 아기 입가로 가져가서 빨게 하면 울음을 그친다는 이야기도

있다.[36)]

부모가 불안해하거나 안절부절못하면 아기가 더 울음을 그치지 않을 수 있으니[37)] 마음을 편안하게 먹도록 노력하고, 너무 피곤할 때는 아기를 안전한 곳에 눕히고 조금 떨어져서 휴식을 취하자. 아기 스스로 울다가 지쳐서 잠들 수도 있다.

이렇게 아기를 울게 내버려 두는 것에 죄책감을 느끼는 부모들이 많다. 하지만 정말 그렇게까지 나쁜 일일까? 우는 것이 아기의 몸에 해가 되지는 않는다. '아기는 우는 게 일'이라는 말도 있지 않은가? 아기가 우는 것에 지나치게 신경 쓸 필요는 없다.

대가족을 이루어 살던 옛날에는 가족 중에 아기를 돌봐 줄 사람이 많아서 교대로 안아주다 보니 아기가 울 일이 별로 없었다. 하지만 핵가족 시대인 요즘은 부모만 아기를 돌보다 보니 지치기 쉽다. 또 아기를 조금이라도 울리지 않으려면 계속 아기만 상대해야 하는데 그러다 보면 다른 일은 전혀 할 수가 없다. 하지만 부모도 밥을 먹어야 하고 옷도 갈아입어야 하고 화장실에도 가야 하지 않겠는가?

또 아기가 너무 울다가 '분노 발작'을 일으키지 않을까 걱정하는 사람들도 있다. 분노 발작은 경련을 일으키거나 얼굴색이 검푸르게 변하고 온몸의 근육에 힘이 빠져서 1~2분 정도 의식을 잃는 증상으로, 생후 6개월에서 6살 사이에 일어나며 특히

만 18개월까지의 아이들에게 많이 일어난다. 하지만 분노 발작을 일으키지 않는 아기가 더 많고 만약 경련이 일어났다고 해도 곧바로 안정시켜 주면 된다. 후유증은 따로 없으며 성장하면서 자연스럽게 사라지는 증세다.

만일 아이가 울음을 그치지 않아 지칠 대로 지친 부모가 상담을 해 오면 필자는 이렇게 얘기한다. 아기가 언제까지나 아기로 멈춰 있는 것은 아니며, 자라면 울지 않게 될 거라고 말이다. 그 예로 생후 6주 때 하루 4.4시간을 울던 아이가 생후 1년이 되면 우는 시간이 1.5시간으로 줄어든다는 연구 결과가 있다.[38]

아기가 자라면 자연히 울지 않게 되니 안심하라. 또한 아기는 원래 우는 법이고, 그렇기에 부모의 애를 태우는 존재라는 사실도 잊지 말기 바란다.

> **닥터 맘의 한마디!**
>
> 우는 시간은 조금씩 줄어든다.
> 아기가 울 때는 사랑을 담아 꼭 껴안아 주자.

제4장

사소하지만 중요한 문제들

Q 기저귀 발진이 심한데요?
Q 유아 습진은 어떻게 해야 하죠?
Q 피부가 건조할 때는 어떻게 해야 하죠?
Q 땀띠가 생겼을 때는 어떻게 해야 하죠?
Q 모유나 분유를 잘 토하는데요?
Q 설사를 할 때는 무엇을 먹여야 하나요?
Q 감기에 걸렸을 때는 어떻게 해야 할까요?
Q 머리를 부딪혔는데요?

칼럼 4 잘 살펴봅시다 - 점

　점은 대부분 후천적으로 생기며 갑자기 커지거나 붓지 않는다면 괜찮다. 필자가 겪은 사례 중에는 한 부모가 아이의 점 때문에 급히 병원을 찾았는데 사실은 먼지였던 경우도 있다. 실제로 병원에서는 이런 일이 많이 일어난다. 한번은 지루성 습진을 앓는 아이의 어머니가 "노란 딱지가 많아서요."라며 병원을 찾아왔는데 필자가 손으로 바로 딱지를 떼어 주니 "어머나, 다 나았네!"라고 놀라기도 했다.

　소중한 자녀가 혹시라도 다칠까 봐 조심스러운 심정은 이해하지만 병원에 데려가기 전 우선 잘 살펴서 확인부터 해 보자. 어지간히 난폭하게 다루지 않는 이상 좀 살피고 만진다고 아이가 어떻게 되는 것은 아니다.

　그런데도 불안하다면 그냥 소아과에서 진찰을 받자. 원래 소아과는 육아 상담이 잦은 곳이므로 보호자가 불안해한다면 아무리 사소한 것이라도 자세히 설명해 줄 것이다.

기저귀 발진이 심한데요?

ⓐ '기저귀 발진'이란 기저귀 속 피부가 붉어지거나 피부에 울퉁불퉁한 발진이 생겨 축축해지고 심하면 피부가 벗겨지는 증상을 말한다. 아기가 소변을 본 후 심하게 울거나 기저귀를 갈 때 닦아 주려고 엉덩이에 손을 댔는데 싫어하면 염증이 있는 경우가 흔하므로 잘 살펴보도록 하자.

그렇다면 기저귀 발진은 도대체 왜 생기는 것일까? 아기가 소변이나 대변을 보면 기저귀 속 습도가 높아져 피부가 붓는다. 이때 그 피부에 배설물이 닿으면 대변의 효소나 세균, 소변의 요소나 암모니아에 의한 자극으로 피부가 물러진다. 아기의 피부는 어른에 비해 얇고 피부를 보호하는 피지의 분비도 적어 더

예민하다.

  이렇게 피부가 물러지면 무엇보다 대소변을 깨끗이 닦아 주어야 한다. 기저귀를 갈 때마다 미지근한 물로 씻어 주는 편이 제일 좋겠지만 아기는 방광이 작아서 자주 소변을 보고 모유를 먹이면 하루에 10번 이상 대변을 보기도 한다. 그러다 보니 매번은 무리겠지만 가능한 때에는 세면대에 미지근한 물을 받아 놓았다가 엉덩이를 씻기거나 샤워기로 씻어 주도록 한다. 추울 때는 미지근한 물을 충분히 적신 수건으로 닦아 주거나 분무기

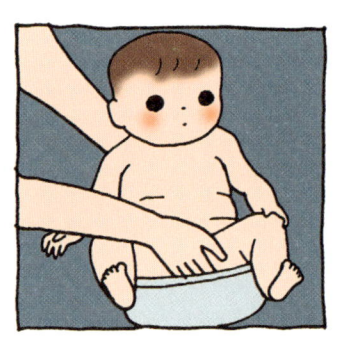

를 사용해도 좋다. 대소변 모두 수용성이므로 비누를 사용하지 말고 따뜻한 물로 씻어 내리자. 그런 다음 마른 수건 등으로 가볍게 누르듯이 물기를 닦고, 피부를 보호해 주는 오일이나 바셀린(탄산수소의 혼합물로 석유에서 얻는 무색이나 담황색의 연고)을 바른다. 오일이나 바셀린은 바로 스며들어 사라지므로 엉덩이를 씻을 때마다 다시 바른다. 그래도 좋아지지 않으면 소아과나 피부과에서 약을 처방받아야 한다. 또한 엉덩이나 허벅지의 주름 안쪽이 붉어졌다면 발진이 아니라 칸디다증(candidiasis, 진균의 일종인 칸디다에 의해 발생하는 감염 질

환-옮긴이)을 의심해 봐야 한다.

   기저귀 발진은 무엇보다 예방이 제일 중요하다. 천 기저귀도 좋지만 특히 아기가 어릴 때는 흡수성과 통기성이 좋은 일회용 종이 기저귀가 좋고 기저귀를 자주 갈아 주는 것도 중요하다.

닥터 맘의 한마디!

가능한 한 미지근한 물로 씻기고 오일이나 바셀린을 발라 주자.

유아 습진은 어떻게 해야 하죠?

A 아기의 피부에 생기는 문제들을 통틀어 '유아 습진'이라고 부른다. 이런 유아 습진은 피부가 울퉁불퉁해지고 끈적끈적해지면서 축축해지는 증상을 보인다. 구체적으로는 신생아 여드름, 지루 습진, 유아 아토피성 피부염 등이 있다.

이 중에서 가장 흔한 것이 신생아 여드름이다. 태어난 직후부터 생후 2개월 무렵까지 주로 얼굴(뺨, 이마, 코, 턱)에 붉고 울퉁불퉁한 것이 생기는데 심할 때는 비누로 잘 씻기고 목욕 후 바셀린을 발라 주도록 하자.

한편 지루 습진은 생후 몇 주 후부터 몇 달 사이에 생기는 습진으로 주로 머리 부분(머리, 눈썹 부분, 미간, 코, 귀 주변, 몸)에 많이 생긴다. 특히 T존에 많고 귓불, 귓구멍에 생기기도 한다. 증상은 피부가 붉어지고 노랗고 마른 딱지가 생기는 것인데[39] 이 딱지를 만지기가 두려워서 방치하는 부모들이 있다. 하지만 씻기지 않으면 딱지가 점점 커져서 생선 비늘처럼 되므로 꼭 목욕을 시켜야 한다. 목욕 전에 바셀린이나 베이비 오일 등을 발라 불려 놓고 비누로 씻기면 단번에 떨어지지 않더라도 점차 깨끗해지므로 꼼꼼히 씻어 주자.

이러한 신생아 여드름이나 지루 습진은 부신 피질이 만드는 남성 호르몬이 아기의 몸 안에서 일시적으로 증가해, 피지 분비가 왕성해질 때 발생하는 것이다.[40]

시간이 지나면 자연히 좋아지므로 걱정할 필요는 없다. 아기의 호르몬이 주 원인이므로 모유를 주는 어머니가 식사 제한을 한다거나 아기가 먹는 분유를 바꾼다고 해도 달라지지 않는다.

보통 병원을 찾은 부모들이 가장 걱정하는 것은 유아 아토피성 피부염이다. 이는 생후 2~3개월부터 얼굴(특히 뺨)에서부터 귀 앞쪽에 걸쳐 축축하고 붉은 습진이 생기는 현상이다. 신생아 여드름이나 지루 습진과 달리 매우 가려워서 아기가 손으로 긁게 되는데, 그러다 보면 상처가 나거나 귓불 위쪽이나 아래 끝이 떨어지기도 한다. 또한 얼굴뿐 아니라 목, 어깨, 몸, 손발 관절에까지 증세가 퍼지기도 한다.

이러한 유아 아토피성 피부염도 악화되는 원인만 찾을 수 있다면 충분히 치료가 가능하다. 가령 보습을 꼼꼼히 한다든지, 심한 경우 스테로이드제를 바르기도 한다. 보통 피부 질환이 악화되는 원인으로는 만 2세 미만인 경우, 음식(계란, 우유, 밀가루 등)이나 땀, 진균 등일 때가 많다.[41]

그러므로 모유를 먹이는 어머니가 식사를 제한하는 것은 바람직하지 못하다. 임신 중이나 수유 중에 어머니가 식사를 제한한다고 해서 아기가 생후 18개월이 되기까지 알레르기 질환을 예방할 수 있다는 증거는 없다. 오히려 영양 섭취가 편중되어 아이의 성장에 나쁜 영향을 줄 수 있다.[42]

알레르기 전문의에 따르면 어머니가 섭취한 음식의 극히 일부는 다 분해되지 않고 모유에 조금 분비되기는 하지만, 그것이 아이의 직장에서 흡수되어 음식 알레르기의 원인이 된다는 증거는 없다고 한다.

그러므로 아기에게 음식 알레르기가 있더라도 수유 중의 어머니가 그 음식을 피할 필요는 없으며 알레르기 대처용 분유를 사용하는 것은 최후의 수단으로 남겨두어야 한다고 한다.

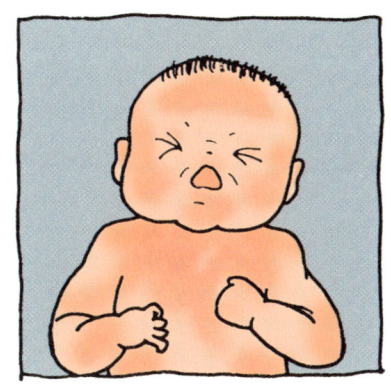

사실 알레르기성 물질은 장에서 흡수되는 경우보다 피부로 접하는 경우가 더 위험해서 수유 중인 어머니나 아기가 무언가를 만지는 것만으로도 알레르기 반응을 보일 수가 있다. 그러므로 입 주변이나 손에 음식이 묻었을 때는 잘 닦아 주도록 하자. 그리고 증상이 심하면 스스로 판단하지 말고 알레르기 전문의와 상담해야 한다.[43]

또 시금치, 가지, 토마토, 바나나, 오렌지, 꽁치, 고등어 등에는 그 음식물 자체에 '히스타민(histamine)'과 같은 알레르기 반응이나 염증을 유발하는 물질이 들어 있다.

이러한 식품은 가려움과 발진 등 알레르기 유사 반응을 일으킬 수도 있으므로 습진이 있을 때는 특히 더 주의하고, 피부에 닿았을 경우에는 즉시 씻어 내도록 한다.(해당 식품을 섭취한다고 해서 무조건 알레르기 증상이 생기는 것은 아니다.)

또한 과자에 많은 n6계 불포화 지방산 등은 아토피성 피부염에 악영향을 줄 위험이 있으므로 너무 많이 먹어선 안 된다.

아토피성 피부염은 어머니가 뭘 잘못 먹어서 일어나는 것이 아니며 두 돌 무렵쯤 좋아지는 경우도 많다. 그러므로 지나치게 염려하지 말고 적절한 치료를 하면서 상황을 지켜보자.

습진의 종류를 잘 살피고 그에 따라 적절한 조치를 취하자.

피부가 건조할 때는 어떻게 해야 하죠?

아기를 너무 자주 씻기면 피부가 건조해질 수 있다. 원래 피부는 여러 겹의 각질층, 표피, 진피로 이루어져 있고, 표피와 진피의 경계에서 새로운 표피가 만들어져 피부의 표면으로 조금씩 이동하다가 제일 바깥쪽에 다다르면 때가 되어 벗겨진다. 이런 순환이 원활하게 이뤄져야 촉촉한 피부를 유지할 수 있다. 그러나 너무 많이 씻으면 때와 함께 그 밑의 각질이나 표피까지 함께 벗겨져 피부의 수분이 증발하고 건조해진다. 결

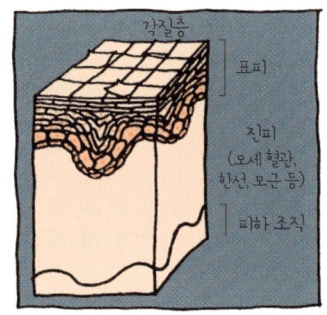

제4장 사소하지만 중요한 문제들

과적으로 푸석푸석해지거나 습진이 생겨서 가려워지고, 손으로 긁으면 한층 더 피부가 거칠어져서 더 건조해지는 악순환에 빠질 수 있다.

그러므로 피부가 건조할 때는 비누를 매일 사용하지 말고 2~3일에 한 번씩만 사용하자. 청결하지 않다고 생각하는 사람도 있겠지만 아기 피부는 따뜻한 물만으로도 충분히 깨끗하게 씻길 수 있다. 이렇게 지나치게 자주 씻기는 습관을 버리면 약을 쓰지 않아도 피부가 깨끗이 낫는 경우가 생긴다. 또 가급적 피부를 보호하는 상재균까지 죽이는 살균 성분이 들어간 샤워 제품이나 비누는 사용하지 말자.

목욕 후 반드시 보습을 해 주는 것도 효과적인 방법 중 하나인데 로션이나 크림 등 여러 가지 보습제가 있지만 미색의 바셀린이 무난하게 사용하기 좋다.

로션이나 크림의 경우 여러 보습제가 혼합돼 있어 발림성이 좋고 흡수 또한 잘되지만, 바른 후 씻어 내면 피부를 보호하는 천연 보습 성분인 피지까지 같이 씻겨 내려간다는 단점이 있다.

반면에 바셀린은 물과 섞이지 않아서 피부의 수분이 빠져나가는 것을 막아 주고 상처 난 피부에 공기가 닿아 건조해지는 것도 방지해 준다. 또 눈이나 입에 들어가도 해가 되지 않으므로 아기에게 안심하고 사용해도 된다. 가끔 아주 드물게 바셀린

속의 불순물 때문에 피부가 붉어지는 과민 반응이 나타나기도 하니 반드시 순도가 높은 제품을 사용해야 한다. 바셀린은 처방전 없이도 약국이나 가게에서 편하게 살 수 있으므로, 아기 피부뿐 아니라 어머니의 손이 거칠어질 때 사용해도 좋다.

비누 사용 횟수를 줄이고 순도 높은 바셀린으로 보습해 주자.

땀띠가 생겼을 때는 어떻게 해야 하죠?

A 요즘 전기를 절약한다고 한여름에도 에어컨을 켜지 않는 사람이 많은데 그러면 아기에게 땀띠가 생길 수가 있다.

땀띠는 고온다습한 곳에서 땀을 많이 흘렸는데 그 땀이 제대로 증발하지 못하고 한선(피부선 중 땀을 분비하는 선, 땀샘-옮긴이)에 머물 때 생긴다. 그러므로 땀띠를 예방하려면 방을 시원하게 하고 땀을 흘렸을 때 자주 샤워를 시켜야 한다. 아기에게 에어컨 바람이 좋지 않다고 생각하는 사람도 있지만 산부인과 신생아실이나 NICU에서도 항상 적절한 실내 온도와 습도를 유지하기 위해 365일 24시간 에어컨을 사용한다. 그 덕분에 아기가 병원에서 땀띠 날 일이 없는 것이다.

그러므로 너무 더운 여름에는 염려하지 말고 에어컨이나 선풍기를 사용해 보자. 또한 원활한 땀 흡수를 위해 바람이 잘 통하는 소재의 긴 소매 상의나 긴 바지를 입히고, 땀을 흘리면 바로 옷을 갈아입히거나 샤워시켜 주자. 전에는 베이비파우더가 땀을 흡수하고 축축한 피부를 보송보송하게 해 준다고 해, 목욕 후 이를 꼭 바르는 것이 유행이었다. 실제로 베이비파우더는 땀띠 예방에 도움을 주기도 한다. 그러나 지나치게 많이 바를 경우 오히려 땀샘을 막을 수 있으므로 적절한 양만 사용하도록 하자.

또한 베이비파우더가 뭉치면 오히려 염증을 일으킬 수도 있으므로 땀띠가 난 후에는 바르지 않는 편이 좋다. 차라리 땀띠가 나면 소아과나 피부과에 찾아가 연고나 로션을 처방받는 것이 좋다.

땀띠는 해당 부위에 세균이 들어가면 '한선 농양'(분비물에 의해 땀샘의 내관이 막혀 염증과 고름이 생기는 증상)이라는 증세를 일으켜 통증을 발생시키기도 하고 이를 심하게 긁으면 농가진(소아나 영유아의 피부에 잘 발생하는 얕은 화농성 피부염으로, 주로 여름철에 발생한다.)

으로 진행되기도 한다. 그러므로 아기에게 땀띠가 생기면 방치하지 말고 적절한 치료를 받게 하자.

아기는 아직 체온 조절을 잘 못하므로 잠을 설칠 수도 있고 잠잘 때 땀을 많이 흘려서 땀띠가 생길 수도 있다. 필요한 경우에는 반드시 에어컨이나 선풍기를 사용해 실내 온도를 조절하도록 하자.

닥터 맘의 한마디!

방을 시원하게 해서 땀띠가 심해지는 것을 막고, 심한 경우 병원에 데리고 가도록 하자.

모유나 분유를 잘 토하는데요?

ⓐ 태어난 지 한 달이 된 아이를 진료하다 보면 비슷비슷한 질문을 많이 받는데 그중에서도 "아기가 자꾸 토해요. 괜찮을까요?"라는 질문이 가장 흔하다. 심지어 출산을 마치고 퇴원하기 전에 이에 대해 자세히 숙지시켜 줘도 부모는 계속 묻고 또 묻는다.

어른의 경우에는, 위가 역류 방지 기능을 지니고 있고 보통 J자형으로 세워진 모양이라 쉽게 토하지 않는다. 그래서 몸 상태가 좋지 않을 때만 구토를 하는데, 부모들은 아기가 토하면 아기 또한 어른처럼 어디가 아파서 토하는 건 아닌지 걱정한다. 하지만 아기는 어른과 몸의 구조가 달라서 모유나 분유를 토하는(억

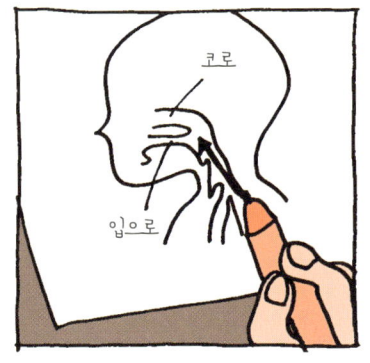

유하는) 일이 흔하다.

 아기의 작은 뱃속에는 어른과 같은 종류의 장기가 들어있는 데다가 아기는 거의 엎드려 있는 때가 많다. 그렇기 때문에 배에 조금만 힘이 들어가도 위가 압박을 받아 모유나 분유를 토해 버리는 것이다. 또한 아기의 위는 어른의 위처럼 가로로 긴 것이 아니라 세로로 길고, 신경이나 근육과 같은 역류 방지 기능도 아직 갖추어지지 않아 생후 3개월까지는 자주 토할 수밖에 없다.

 아기는 코와 입이 안쪽으로 연결되어 있어서 입뿐 아니라 코로도 자주 토하며, 토하지 않더라도 모유나 분유가 올라와 트림이 안 나올 때는 "우우~." 하고 신음하기도 한다. 이처럼 토와 트림을 자주 하는 원인을 알아 두면 걱정을 덜 수 있다.

 토하는 것은 신체 구조상의 문제이므로 아무리 트림을 잘 시켜도 토하는 것을 완전히 막을 수는 없다. 다만 트림한 후 상반신을 일으켜 주면 잘 토하지 않는다. 소아 외과의 위식도 역류 전문의에 따르면 위험하지 않은 범위에서 몸을 가능한 높게 하는 게 좋다고 하니 쿠션이나 담요, 아기 의자를 사용해도 좋다. 단 아기가 굴러 떨어지지 않도록 항상 아이의 곁을 잘 지켜야 한다.

모유를 먹는 경우 빈번하게 토하는 아기들도 많다. 이런 아기들은 한쪽 모유를 먹이고 또 다른 쪽을 먹이려고 어머니가 살짝 움직이면 그것만으로도 토를 한다. 또한 "트림을 시킬 틈도 없이 토해요."라며 고민하는 경우도 있는데 이는 실은 모유가 너무 잘 나오기 때문이다. 모유가 매우 세차게 나와서 아기가 채 삼킬 틈이 없는 것이다. 이럴 경우, 젖을 조금 짜내 모유가 덜 나오게 한 후에 먹이면 좋다고 말하는 의사들도 있으니 참고하기 바란다.

그런데도 너무 자주 토해서 걱정이 된다면 체중을 재 보기 바란다. 아기 수첩의 성장 곡선에 그려진 대로 아기의 체중이 잘 늘고 있다면 안심해도 좋다.

또 체중계로 꼭 재지 않아도 일주일 전에 찍은 사진과 비교해 얼굴에 통통하게 살이 올랐으면 체중이 잘 늘고 있다는 증거다. 체중이 순조롭게 늘고 있다면 시간이 지나면서 토하지 않게 될 테니 괜찮지만, 그래도 걱정이 되면 언제든 동네 보건소 혹은 소아과 의사와 의논하기 바란다.

다만 생후 2~3주부터 매번 심하게 토한다면 위의 출구가 좁아지는 '선천성 유문 협착증'이라는 병이 의심되기도 하니 반드시 소아과를 찾도록 하자.

닥터 맘의 한마디!

체중이 잘 늘고 있으면 괜찮다!
시간이 지나면 토하지 않는다.

설사를 할 때는 무엇을 먹여야 하나요?

Ⓐ 아기가 설사를 해서 병원을 찾은 부모에게 "위장염입니다."라고 답해 줄 때가 많다. 위장염은 위나 장과 같은 소화 기관에 뭔가 염증을 일으키는 것이 들어가 아기가 토하거나 설사하거나 배가 아픈 상태를 말한다.

그 밖에도 구토나 설사의 경우 증상에 초점을 맞추어 병명을 말하자면 '구토 설사증'이 되고, 원인에 초점을 맞추면 '바이러스 감염' '디프테리아 감염증' '적리아메바(이질아메

제4장 사소하지만 중요한 문제들 115

바)' 등의 이름으로 진단할 수 있다. 이 중 병원성 대장균인 O-157 등의 세균성 위장염은 악화되는 일이 많아 항생제를 쓰거나 심하면 입원해야 하는 수도 있다. 그러나 갑자기 설사가 나면 원인의 80%는 바이러스성이다.[44]

이럴 때는 집에서 어떤 것을 먹이면 좋을까?

우선, 설사나 발열에 의한 탈수에는 수분 보충에 적합한 나트륨, 칼륨, 염소, 인, 마그네슘, 당, 중탄산, 구연산 등이 골고루 들어 있는 ORS(Oral Rehydration Solution)라는 경구 수액제를 먹이면 좋다. 시중에서 판매하는 스포츠 음료는 당분이 많은 반면, 중요한 염분은 적어서 큰 효과가 없다.

경구 수액제 요법은 WHO나 미국소아과학회, 유럽소아과학회에서도 설사 치료에 좋다고 보고된 바 있다. 또한 병원 바이러스나 미생물의 종류, 나이, 병의 중증 정도에 상관없이 탈수를 개선하는 데 매우 좋은 치료법으로 링거 투약에 비해서도 손색이 없을 정도다.[45]

다음은 무엇을 먹일까 하는 문제다. 보통 설사가 심할 때는 아무것도 먹이지 않고 수분만 보충하면 된다고 하지만 요즘은 보통 식사를 주는 편이 낫다고 하는 분위기다. 설사가 한창 진행 중일 때도 소화 기관의 소화 효소는 제대로 나와 음식을 상당량 흡수할 수 있기 때문이다. 실제로 설사 중에도 탄수화물의 90%, 단백질의 70%, 지방의 60%는 제대로 흡수된다는 보고가 있다.[46]

물론 보호자뿐 아니라 의사들 중에도 구토나 설사를 할 때 식사를 주면 더 악화된다고 생각하는 경우가 있다. 그러나 대규모의 임상 연구 결과 조기에 식사를 재개한 경우와 금식한 경우, 구토나 설사의 빈도와 정도가 달랐을 뿐 아니라, 조기에 식사를 재개하는 편이 회복기에 체중을 원활히 늘리는 데 도움을 준다는 사실이 밝혀졌다.[47]

왜 이런 결과가 나왔을까? 바로 짧은 기간일지라도 아무 것도 먹지 않으면 소장의 미융모가 응축하기 때문이다. 미융모라는 것은 소장의 내벽에 있는 주름으로 각종 영양이나 수분을 흡수하는 역할을 한다. 따라서 이것이 응축하면 좀처럼 설사가 낫지 않는다.

다음은 '급성 위장염에 좋은 치료법의 8가지 규칙'에 관한 내용이다.[48]

1. 탈수 증상 때문에 수분 보충이 필요할 때는 경구 수액제를 사용하자.

2. 구토나 설사를 하면 3~4시간 이내에 경구 수액제를 마시게 하자. 구토가 심할 경우에도 1순가락씩 주도록 한다.

3. 식사는 되도록 빨리 다시 하게 하고 고형식을 포함한 보통 식사를 주자.

4. 설사 분유(특수 분유)가 아닌 일반 분유를 주자.

5. 분유를 희석시킬 필요는 없다.

6. 모유도 원하는 만큼 주기 바란다.

7. 목이 마르다고 하면 경구 수액제를 주는 것이 효과적이다.

8. 대부분 투약을 할 필요는 없다. 구토가 심할 경우는 구토를 예방하는 약을 써야 하지만 복부의 움직임을 멈추게 하는 약은 사용하지 않는다. 또한 바이러스성 위장염에 항생제는 듣지 않으므로 항생제를 처방해 주지 않는다고 걱정할 필요는 없다.

3번 항목에 대해 보충 설명을 하자면 특별한 식사를 줄 필요는 없지만 영유아의 경우 소화가 잘 되는 음식을 주면 더욱 안심할 수 있다(다음 표 참고).

소화가 잘 되는 음식과 그렇지 않은 음식

	소화가 잘 되는 음식	소화가 잘 안 되는 음식
곡물류	흰 식빵 토스트, 죽, 우동	현미밥, 초밥, 라면
어류	지방이 적은 생선: 도미, 가자미, 넙치, 전어, 날치, 농어	지방이 많은 생선: 정어리, 참치, 꽁치, 고등어, 장어
육류	지방이 적은 고기(부위): 안심, 닭고기, 쇠고기	지방이 많은 고기: 돼지고기, 햄, 베이컨, 소시지
콩류	된장국, 두부, 콩가루, 삶아서 체에 거른 콩류	팥, 대두 같은 딱딱한 콩
동물의 알류	달걀, 메추리알	기름에 튀긴 달걀
유지류	양질의 버터, 식물성 기름	라드유(돼지 기름)
야채류	부드럽게 삶은 야채: 당근, 순무, 무, 시금치, 콜리플라워, 양배추 야채 수프: 당근, 양배추, 배추	섬유질이 많은 야채: 죽순, 우엉, 연근, 머위 향이 강한 야채: 땅두릅, 미나리, 부추, 셀러리
기타		해조류, 젓갈, 건어물
과일	바나나, 사과(간 것), 복숭아, 과일 통조림	귤, 배, 딸기, 건포도, 말린 과일
음료수	우유, (연한)홍차, 보리차, 이온 음료	콜라, 사이다, 커피
과자류	커스터드푸딩, 아이스크림, 웨하스, 카스텔라	도넛, 튀긴 과자, 케이크, 매운 쌀 과자

※ 주석 44번 참조

닥터 맘의 한마디!

경구 수액제로 수분을 보충시키고 소화가 잘 되는 식사를 하게 하자.

감기에 걸렸을 때는 어떻게 해야 할까요?

아기는 태어날 때 어머니에게 어느 정도 면역력을 받아 태어난다. 하지만 생후 6개월이 지나면 그 면역력이 거의 사라져 감기 같은 전염병에 걸리기 시작한다. 이렇게 열이나 콧물, 기침이 나고 식욕이 없어지며 설사나 구토를 하는 상태 전체를 가리켜 '감기 증후군'이라고 부른다.

많은 부모가 "아이를 추운 데 데리고 나가서 그래요."라고 말하지만 감기의 원인은 80~90%가 바이러스, 10~20%가 세균이나 미코플라스마(mycoplasma)와 같은 병원성 미생물(병의 원인이 되는 미생물—옮긴이)이다. 그러므로 아무리 추운 곳에 데리고 갔어도 병원성 미생물이 없으면 감기에 걸리지 않는다.

이처럼 감기에 걸리는 것은 아이가 병약해서도 아니고 어머니가 추운 곳에 데리고 가거나 제대로 돌보지 않아서도 아니다. 더구나 아이들은 한번씩 이런 가벼운 전염병을 앓고 나서 점차 튼튼해진다.

계절이 바뀔 때마다 열이 나는 증상도 시간이 지나면 조금씩 나아진다. 특히 추운 시기에 감기가 유행하는 이유는 공기가 건조해서 병원성 미생물이 널리 퍼지기 쉽기 때문이다.

감기의 원인이 되는 병원성 미생물은 수백 종이 넘고, 바이러스만 해도 수백 가지가 있으므로 감기의 원인을 완전히 밝히는 것은 불가능에 가깝다. 그래서 흔히 '감기에는 특효약이 없다.' '감기에 듣는 백신을 개발하면 노벨상감이다.'라고들 하는 것이다.

그렇다면 감기에 걸렸을 때 병원에서 주는 약은 무엇일까? 그것은 대증 요법약이다. '대증 요법'이란 원인을 해결하는 것이 아니라, 증상을 완화시키는 치료를 말한다. 즉 열이 나서 힘들다고 하면 해열제를, 콧물에는 항히스타민제를, 기침이 나면 진해제를 사용한다. 시판되고 있는 '감기약'에는 이런 성분들이 들어 있다.

가끔 부모들에게 "매일 병원에 데리고 다녀도 열이 안 내려가요." "약이 안 들어요."라는 말을 듣는데 어찌 보면 당연한 얘기다. 감기를 고칠 수 있는 것은 오로지 우리 몸속의 면역 기능뿐

이며, 의사나 약은 약간의 도움을 줄 뿐이다.

 따라서 가벼운 감기는 집에서 쉬는 것이 제일 좋다. 아이는 편하고 익숙한 방에서 사랑하는 부모와 함께하면 안심하므로, 부모가 해 줄 수 있는 것은 아이를 편안하게 해 주고 수분을 많이 보충시켜 주는 정도다.

 또 밥 먹기를 싫어하면 무리하게 먹이지 말자. 약해진 위장이 받아들이지 않을 수도 있다. 그리고 열이 오르면 추워하므로 몸을 따뜻하게 해 주자.

 단, 열이 나기 시작하면 더워지는데 이때 너무 따뜻하게 하면 열이 더 심해져 아이가 괴로워할 수 있으므로 얇은 옷을 입혀 시원하게 해 주자.

 열이나 콧물, 기침 같은 증상이 있어도 힘들어 보이지 않으면 굳이 약을 먹일 필요는 없다. 또한 열이 크게 올라도 아이의 상태가 괜찮으면 해열제 사용은 피하는 편이 좋다. 아플 때 체온이 오르는 이유는 우리의 면역 기능이 높은 온도에서 더 잘 활동하기 때문이다. 스스로 치료하기 위해 체온이 오르는 것인데 애써 그것을 낮출 필요는 없다.

아기의 기분이 좋지 않고 힘들어 보이며, 감기인지 아닌지 잘 모르겠을 경우는 소아과에 데려가 의사의 진단을 받기 바란다. 본인이 힘들어하고 식사나 수면을 하지 못하는데 '약은 몸에 나쁘다.'며 단정 짓고 무조건 피하는 것은 옳지 않다.

아이가 안심할 수 있도록 집에서 안정시키고
수분 보충을 잘 해 주는 것이 좋다.

머리를 부딪혔는데요?

A 부모가 아무리 조심해도 아기는 어딘가에 머리를 잘 부딪힌다. 그러다 보니 원래 소아과는 외상을 진찰하는 곳은 아니지만, 이 머리 때문에 병원을 찾는 아이들이 많다. 그중에는 다짜고짜 뼈가 부러졌을지도 모르니 엑스레이(혹은 CT)를 찍어 달라는 부모도 있다. 그러나 가벼운 타박상으로 두개골 안에 손상을 입는 경우는 드물고 지극히 경상인 경우가 대부분이어서 반드시 엑스레이나 CT를 찍을 필요는 없다. 더군다나 어린

요람째로 부딪히는 경우도 있으므로 주의하자!

아기에게 불필요한 방사선을 쬐게 하는 것은 결코 바람직한 일이 아니다.

머리를 부딪혔을 때는 우선 다음 질문들을 확인해서 괜찮은지 여부를 살피자.

1. 상처나 출혈이 있는가?
2. 의식이 또렷한가?
3. 자꾸 구토를 하는가?
4. 경련이 있는가?
5. 늘 함께 있는 부모가 보기에 이상한 점은 없는가?

1번 항목은, 아기의 머리에 혹이나 출혈이 있는지를 확인하는 것이다. 작은 혹 정도면 괜찮다.

2번 항목은, 아기가 대답을 제대로 하는가를 확인하는 것으로, 대답을 잘 한다면 걱정할 필요가 없다. 아직 말을 못하는 아기는 어머니와 눈을 잘 맞추는지, 말을 걸면 주의를 기울이는지로 확인할 수 있다.

이어서 3번 항목. '외상 후 구토(post-traumatic vomition)'라는 말이 있을 정도로 실제로 대수롭지 않은 외상이라도 토할 수 있다[49]는 점을 알아 두도록 하자. 구토를 하는 게 위험천만한 일은 아니다. 한두 번 토한 정도는 대개 별 탈이 없고, 심하게 울고 난 후에 토하면 오히려 두 시간 정도 푹 잘 수 있다.

다음 4번 항목. 아마 경련을 본 적이 없는 부모라면 아기가 경련 증상을 일으켰을 때 잘 알 수 있을지 불안할 것이다. 그러나 실제로 경련을 일으키면 호흡이 얕아지거나 또는 멈출 수 있기 때문에 안색이 나빠진다. 게다가 단순한 떨림과 달리 몸을 잡아줘도 떨림이 멈추지 않고 의식도 없어서, 관련 경험이 없어도 심각한 일이라는 사실을 충분히 직감할 수 있을 것이다.

5번 항목에서는, 보호자가 '뭔가 이상하다.'라고 느낀다면 주의 깊게 지켜보아야 함을 말한다. 늘 함께 있는 가족이 그렇게 생각한다면 반드시 병원을 방문해 어디가 이상한지를 의사에게 설명하자.

심하게 걱정이 될 때는 가능한 소아과가 아닌 소아 외과나 뇌신경외과 등에서 진찰을 받아야 한다. 만약 출혈이 심하거나 증세가 심각하다면 구급차를 부르기 바란다.

병원에서 CT나 엑스레이를 찍느냐 마느냐는 1~5번의 증상 확인과 더불어 의사가 골절이 있는지를 확인하고 이에 대해 보호자에게 설명한 후에 결정한다. 덧붙여, 뇌신경외과 의사에 따르면 머리를 부딪혔을 때, 중태에 빠질 정도로 심각한 손상을 입으면 6~24시간 이내에 증상이 나타난다고 한다. 필자도 병원을 찾는 부모에게 48시간 이내에 아무 일 없으면 그다지 위험한 상태는 아니라고 설명한다.

아기에게는 언제 어디서든 예기치 않은 일이 일어날 수 있다. 소파나 의자 같은, 떨어질 위험이 있는 곳에서는 절대 재우지 말고 아기를 늘 주시해야 한다. 또 아기 침대나 유모차 등에 안전 펜스나 안전띠를 제대로 해 주는 것이 중요하다. 특히 걷기 시작할 무렵에는 자세가 불안정해서 잘 넘어지니 조금 더 자랄 때까지 실내에 두툼한 카펫을 깔고, 콘센트나 가구 모서리를 덮어 줘 사고를 예방하자.

> 닥터 맘의 한마디!
>
> 간단한 증상 확인을 통해 아기의 상태를 살피고, 이상이 느껴진다면 바로 병원에 가자.

제5장

아기랑 병원 가기

Q 예방 접종은 꼭 해야 하나요?
Q 인플루엔자 백신은 효과적인가요?
Q 어떨 때 병원에 가야 하나요?
Q 병원에 어떤 것을 알려 주면 좋은가요?
Q 입원 시 주의 사항은 뭔가요?

슈퍼맨이 늘고 있어! - 아버지와 진료실

　예전에는 아버지가 아이를 데리고 병원에 오면 위 네 컷 만화의 첫 번째 그림 같은 모습이었다. 틀림없이 부인이 소아과에 데리고 가 달라고 부탁했을 것이다. 이제 겨우 두세 살인 아이에게 앉아서 스스로 옷을 벗으라고 하는 것은 당연히 무리다. 이런 아버지에게는 걱정되는 증상이 어떤 것인지는 물어볼 수 있어도 평소 아이의 상황은 자세하게 물어볼 수 없다. '평소에는 밥그릇 한가득 밥을 먹는데, 오늘 아침은 반도 채 먹지를 않았다.'라는 식으로 평소와 어떻게 다른지에 대해 구체적인 정보가 필요한데 말이다. 이런 아버지들은 병원에 올 때도 신문이나 잡지를 들고 다닌다. 당연히 아이를 잘 볼 수 있을지 염려되는 경우가 많았다. 반면 요즘 아버지들은 다르다. 우선 진찰실에 들어설 때부터 아기를 안고 있거나 손을 잡고 있으며 진찰 준비도 직접 한다. 또 평소 아이의 상태에 대해 어머니 못지않게 자세히 알려주므로 의사 입장에서 큰 도움이 된다. 세상이 좋아져서 이제는 아버지가 육아를 도와주는 입장이 아니라 육아의 주체가 된 듯하다.

예방 접종은 꼭 해야 하나요?

A 최근 백신의 종류가 많이 늘어 아기가 태어나면 곧장 예방 접종에 들어가야 한다.

현재 전염병이 유행하지 않는 나라에서는 예방 접종의 필요성을 잘 인식하지 못하고, 책이나 매체를 통해 부작용을 인지하는 경우도 많기 때문에 의외로 예방 접종을 두려워하는 부모들이 많다.

하지만 예방 접종은 매우 중요하다. 백신이 생겨난 이유가 무엇인가? 과거에 많은 아이들이 사망하거나, 목숨은 건지더라도 심한 후유증이 남았던 병들을 예방하고자 생겨난 것 아닌가? 요즘 심각한 전염병이 돌지 않는 이유는 그동안 예방 접종을 철

저희 한 덕분이다. 소아마비가 유행한 시대도 아주 오랜 옛날이 아니다. 만약 교류가 잦은 외국에서 아직 소아마비가 유행하고 있다면 국내에서 소아마비에 걸리는 사람이 없다고 해서 접종하지 않아도 되는 것은 아니다. 특히 어리면 어릴수록 저항력이 약해 한번 병에 걸리면 위독해질 수 있기 때문에 권장하는 시기에 예방 접종을 마치는 것이 무엇보다 중요하다.

국내(*한국 기준) 예방 접종은 질병관리본부의 기준에 따라 '국가 예방 접종'과 '기타 예방 접종'으로 분류된다. 국가 예방 접종

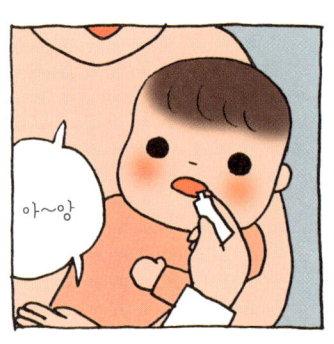

은 국가에서 권장하는 예방 접종으로 국가는 '감염병의 예방 및 관리에 관한 법률'을 통해 대상 감염병과 예방 접종 실시 기준 및 방법에 관한 권장사항을 정하고 있다.[50] 국가 예방 접종의 경우 지정된 보건소와 의료 기관에서 접종 가능하며, 출생부터 만 12세까지는 국가에서 비용 전액을 지원한다. 기타 예방 접종은 의료 기관에서 접종 가능한 예방 접종으로

피접종자가 비용을 전액 부담한다. 다만 의학적인 근거나 백신의 중요성에 따라 분류한 것이 아니므로 기타 예방 접종이라고 해서 안 맞아도 상관없다는 말은 결코 아니다.

국가 예방 접종 대상 무료 백신(소아·청소년) 14종		
BCG (피내용, 결핵)	B형간염	DTaP (디프테리아/파상풍/백일해)
IPV (폴리오)	DTaP-IPV(디프테리아/ 파상풍/백일해/폴리오)	MMR (홍역/유행선이하선염/풍진)
수두	일본뇌염(사백신)	일본뇌염(생백신)
Td (파상풍/디프테리아)	Tdap (파상풍/디프테리아/백일해)	Hib(b형 헤모필루스 인플루엔자, 뇌수막염)
폐렴구균	A형간염(대상 12~36개월)	

* 2015년 5월부터 'A형간염' 접종도 무료

기타 예방 접종(전액 본인 부담)		
BCG(경피용, 결핵)	로타 바이러스	인유두종 바이러스

* 134쪽 '표준 예방 접종 일정표' 참조

닥터 맘의 한마디!

'국가 예방 접종'과 '기타 예방 접종'은 모두 중요하므로 꼭 맞혀야 한다.

2015년도 표준 예방 접종 일정표

	대상 감염병	백신종류 및 방법	횟수	출생~1개월이내	1개월	2개월	4개월	6개월
국가예방접종	결핵	BCG(피내용)	1	BCG(피내용) 1회				
	B형간염	HepB	3	HepB 1차	HepB 2차			HepB 3차
	디프테리아 파상풍 백일해	DTaP	5			DTaP 1차	DTaP 2차	DTaP 3차
		Td / Tdap	1					
	폴리오	IPV	4			IPV 1차	IPV 2차	IPV 3차
	b형헤모필루스 인플루엔자	PRP-T / HbOC	4			Hib 1차	Hib 2차	Hib 3차
	폐렴구균	PCV(단백결합)	4			PCV 1차	PCV 2차	PCV 3차
		PPSV(다당질)	-					
	홍역 유행성이하선염 풍진	MMR	2					
	수두	Var	1					
	A형간염	HepA	2					
	일본뇌염	JE (사백신)	5					
		JE (생백신)	2					
	인플루엔자*	Flu(사백신)	-					
		Flu(생백신)	-					
기타예방접종	결핵	BCG(경피용)	1	BCG(경피용) 1회				
	로타바이러스	RV1	2			RV 1차	RV 2차	
		RV5	3			RV 1차	RV 2차	RV 3차
	인유두종바이러스	HPV 2 / HPV 4	3					

* 인플루엔자는 국가 예방 접종 대상 감염병이지만, 현재 소아가 아닌 노인 대상에 한해 무료 접종을 실시하고 있다.(2015년 한국 기준)

※ 출처: 질병관리본부 | KMA 대한의사협회 | 예방접종전문위원회

12개월	15개월	18개월	24개월	36개월	만4세	만6세	만11세	만12세
	DTaP 4차				DTaP 5차			
							Td / Tdap 6차	
			IPV 4차					
Hib 4차								
PCV 4차								
		고위험군에 한하여 접종						
MMR 1차					MMR 2차			
Var 1회								
	Hep A 1~2차							
	JE(사백신) 1~3차				JE(사백신) 4차		JE(사백신) 5차	
	JE(생백신) 1~2차							
Flu(사백신) 매년 접종								
			Flu(생백신) 매년 접종					
							HPV 1~3차	

제5장 아기랑 병원 가기　135

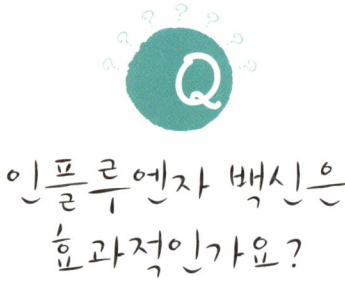

인플루엔자 백신은 효과적인가요?

A 인플루엔자(독감) 예방 접종이 효과가 있는지에 대해서는 전부터 의견이 분분했지만 최근에는 효과가 있다는 연구 결과가 속속 나오고 있다. 아이에게 인플루엔자 백신을 맞히면 가족 중에 이를 맞지 않은 사람이라도 인플루엔자에 잘 걸리지 않는다든지, 인플루엔자 백신을 맞은 그룹과 다른 백신을 맞은 그룹의 인플루엔자 확산율이 서로 다르다는 등의 결과가 바로 그것이다.

만약 어린아이가 인플루엔자에 걸리면 쉽게 상태가 악화되어 인플루엔자 뇌증으로 발전하기도 한다. 이는 36개월 미만의 아이일 경우 발병하기 쉬운 급성 뇌 장애로 사망하거나 후유증

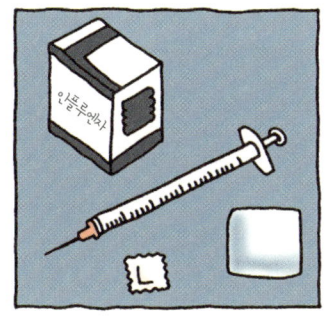
이 남을 확률도 높다. 그래서 미국에서는 2004년부터 6~24개월 된 아이에게 인플루엔자를 정기적으로 접종하도록 하고 있고 일본이나 한국에서도 백신을 맞을 것을 추천하고 있다.

만일 인플루엔자라고 생각되면 병원에 가는 것이 좋다. 하지만 열이 나기 시작한 지 얼마 지나지 않아 검사를 하게 되면 인플루엔자에 걸렸어도 결과가 음성으로 나올 수 있다.(물론 아이의 상태가 이상하면 기다리지 말고 바로 병원을 찾기 바란다.) 병원에서 면봉으로 코 안을 후벼 분비물을 채취하는 간단한 검사를 마치고 나면 15~20분 만에 결과가 나온다.

인플루엔자라고 진단되면 발병 후 5일, 열이 내린 후 이틀(취학전 아동은 사흘) 정도는 외출하지 않는 게 좋다. 통원 치료를 받을 때는 전염 방지를 위해 마스크 착용을 권장한다. 또한 병원 접수처에 아이가 인플루엔자라는 것과 고열 인플루엔자일 가능성이 있다는 사실을 미리 알리는 게 좋다.

집에서는 감기에 걸렸을 때와 마찬가지로 충분한 휴식을 취하게 하고 수분을 보충해 주며 증상을 완화시킬 수 있도록 최소한의 약을 먹이자. 인플루엔자 바이러스에 대한 약으로는 인플루엔자 A형·B형·신형에 효과가 있는 타미플루(하루 2회 경구 투여)뿐 아니라 흡입식 치료제인 리렌자(하루 2회 5일간 흡입), 링거약인 래피액(하루 1회 투여) 등 새로운 약이 속속 등장하고 있다.

> 미리 예방 접종할 것을 추천한다. 인플루엔자라고 의심되면 병원을 찾아 검진을 받고, 확진을 받았으면 외출을 삼가고 충분한 휴식을 취하도록 하자.

어떨 때 병원에 가야 하나요?

Ⓐ 필자가 근무하는 병원에서는 막 아기를 출산한 부모를 대상으로 '생후 한 달째까지 알아 둬야 할 것들'이라는 제목으로 설명회를 연다. 물론 그 이후 어떻게 대처해야 할지에 대한 이야기까지 함께 들려준다.

1. 아기는 생후 3개월까지 체온이 높다(37.5도 이상).
2. 모유나 분유를 평상시의 절반 이하밖에 먹지 않는 날이 이어지면 바로 소아과에서 진찰을 받자.

반대로 말하면, 이는 즉 위의 두 가지가 괜찮다면 콧물이나 기침이 나고 대변이 묽어도 서둘러서 소아과를 찾을 필요는 없다는 얘기다.

만약을 대비해 6개월까지는 계속 이 두 가지를 염두에 두고 '뭔가 좀 이상하다.'는 생각이 들면 그때 병원을 찾아도 늦지 않다. 걱정이 될 때는 서둘러 진찰을 받는 것도 좋지만 감기는 약만으로는 낫지 않으며 빨리 병원에 간다고 해서 그만큼 빨리 낫는 것도 아니다.

요즘 소아과에는 아주 사소한 일로 진찰받으러 오는 사람들이 늘고 있다. 때로는 아기가 재채기나 기침을 몇 번 했다고 해서 병원을 찾는 부모들까지 있을 정도다.

의료 보험 제도를 건강히 유지하기 위해서라도 정말 필요할 때만 의료 혜택을 받는 관행이 생기면 좋겠다.

또한 아이의 상태를 봐서 가급적 병원이 붐빌 시간에는 진료를 피하는 것이 좋다. 만약 스스로 판단하기 힘들다면 보

건복지부 콜 센터(국번 없이 129)나 119, 응급 의료 정보 사이트 등을 찾도록 하자(한국 기준).[51]

생후 6개월까지는 열이 있는지 유무와, 모유나 분유의 섭취량을 확인한다.
심각하지 않을 때는 집에서 상태를 지켜보자.

병원에 어떤 것을 알려 주면 좋은가요?

A 우선 아기의 평상시 모습과 병원을 찾은 당시의 차이점을 설명해 주면 소아과 의사에게 매우 도움이 된다. 체온이나 식사, 수유의 양과 횟수, 대소변의 상태, 밤에 잠은 잘 자는지, 건강히 잘 노는지, 기분이 어떤지 등등……. 아이가 집에서는 괜찮았는데 병원에 도착하자마자 컨디션이 나빠졌다면 그런 사실도 귀띔해 주자.

더불어 아이의 증상도 자세히 설명해 주면 좋다. "평소처럼 열이 있어서요…….", "라든지 "설사를 좀 해서요……." 같은 설명은 애매해서 별 도움이 되지 않는다.

열이 있을 때는 지나치게 자주 체온을 잴 필요는 없지만 아침, 점심, 저녁으로 어떤 변화가 있었는지 알려 주는 게 도움이 된다.

콧물이 나올 때는 물기가 많은지, 노랗거나 녹색은 아닌지 확인한다.

기침은 마른기침인지, 가래가 섞인 기침인지 쌕쌕거리는 소리가 나지는 않는지, 얼마나 자주하는지 알려 준다.

배가 아플 때는 배가 얼마나 아파 보이는지, 대변의 색은 어떤지, 변의 상태가 진흙같이 된지 아니면 묽은지, 하루에 변을 몇 번 보았는지 등을 알려 주는 게 좋고, 배설물이 평소와 다르다고 생각한 경우에는 병원에 기저귀째 들고 가도 된다. 그게 힘들다면 휴대 전화 등으로 사진을 찍어서 보여 주는 것도 방법이 될 수 있겠다.

그 밖에 우는 모습이나 경련이 걱정될 경우는 아예 동영상을 찍어서 병원에 가면 정확한 진단을 내리는 데 도움이 될 수 있다.

그리고 출산 당시의 에피소드나 성장 발달 기록, 예방 접종이 참고가 될 때도 있으므로 병원에 갈 때는 아기 수첩을 지참하는 게 좋다.

다른 의료 기관에서 받은 약을 먹고 있을 때는 그 내용을 알 수 있도록 의약 처방전이 있으면 편리하다.

> **닥터 맘의 한마디!**
>
> 평소의 아기의 모습과 현재 상황, 병의 증상을 알기 쉽게 전달하자!

입원 시 주의 사항은 뭔가요?

아기는 어떤 기준으로 입원을 하게 될까? 기본적으로는 어른의 경우처럼 병원에서만 치료해야 하거나 안전을 확보할 수 있을 때 입원하지만 어린아이들은 그 밖에도 여러 가지 이유로 입원해야 할 때가 많다.

특히 영유아기에 그런 경우가 많은데, 어떤 증상 때문에 식사나 수분을 취하지 못하고 토해 버리는 '경구 섭취 불량'이 가장 그렇다. 병원에서 링거를 맞아도 좋아지지 않는다면 다른 검사에서 정상 수치에 가깝게 나와도 입원해야 한다. 특히 아직 돌이 지나지 않았으면 분유나 모유를 잘 먹지 못하는 것만으로도 입원할 수 있다. 또한 생후 3개월 미만의 아이가 열이 날 경우

패혈증일 가능성이 있으므로 입원해서 세균 감염 검사를 하고 항생제를 맞히도록 한다.

어찌되었든 이렇게 입원이 결정되면 우선 아이의 예방 접종 기록과 감염증 환자와의 접촉 기록을 확인해야 한다. 확인 후 감염 위험이 높으면 병원 내에서의 감염을 방지하기 위해 1인실에 입원하게 된다. 그렇지만 모든 병원이 다 환자를 받아 주는 것은 아니다. 그리고 입원하는 동안 보호자가 곁에서 돌봐 줄 수 있는지 여부가 중요하다. 대부분의 병원이 보호자가 환자를 돌봐야 하는 시스템이기 때문이다. 단 ICU(중환자실) 등의 각종 집중 치료 병동의 경우에는 원칙적으로 보호자가 없어도 된다.

여기에서 입원 시 알아 둬야 할 주의 사항을 설명하겠다. 아기들은 예약해서 입원하는 경우보다 근처 소아과에 갔다가 갑자기 소견서를 받아서 큰 병원에 입원하는 경우가 많다. 그럴 때는 가능한 빨리 소아과에서 소개해 준 병원으로 가자. 큰 병원에서 처음부터 다시 아이를 진찰하고 검사해서 치료 방침을 정하기까지는 또다시 긴 시간이 걸리기 때문이다. 더군다나 보통 저녁 시간이 되면 의사나 간호사, 검사실 인력 등이 적어지므로 필요한 최소한의 검사나 치료밖에 받을 수 없다.

"아이가 자고 있어서 일어난 후에 왔어요."라든지 "입원 준비에 시간이 걸려서요." 하며 밤이 되어서야 병원을 찾는 사람이 있는데, 상태가 안 좋은 아이는 서둘러 치료하는 것이 우선이므로 입원을 결정하기까지 최대한 서두르기 바란다.

> **닥터 맘의 한마디!**
>
> 가능한 신속하게 입원하고 일찍 치료에 임하는 것이 중요하다.

가장 많이 하는 질문들

Q 눈을 위로 뜨는데 괜찮을까요?
Q 얼굴 한가운데 불그레한 멍이 있는데요?
Q 딸꾹질을 많이 하는데 괜찮을까요?
Q 모유가 충분한 걸까요?

Q 재채기가 나오는 것은 감기 때문인가요?
Q 변비일 때는 어떻게 하면 되나요?
Q 설사가 계속되는데 어떻게 하죠?
Q 탈수 증상의 기준이 뭔가요?
Q 눈곱이 잔뜩 끼는데요?
Q 소아과에서 설소대를 잘라 주나요?
Q 치아 배열 괜찮을까요?
Q 양치질은 언제부터 하나요?

의료란 무엇일까? – 의사의 마음

인턴 시절 어느 환자의 아버지가 "아이의 증상이 좋아지지 않는 것은 의사들이 제 할 일을 하지 않았기 때문이오."라고 호통을 친 적이 있다. 그는 의료 기관이나 의사를 절대적으로 믿었기에 어딘가에 분노를 발산하고 싶었는지도 모른다. 하지만 의사가 할 일을 하지 않아서 환자의 상태가 나빠지거나 사망하는 것은 아니다. 20세기 초반에는 1,000명의 유아 가운데 165명이 사망했던 반면 현재는 3명도 사망하지 않는다는 통계가 있다. 의료 기술은 확실히 발달했다. 그러나 의료진이 할 수 있는 일은 극히 제한적이다.

언젠가 선배 의사가 이런 말을 한 적이 있다. "자네들! 환자가 낫는 것을 방해하지 말게! 환자에게 해 줄 수 있는 일은 고작 그게 다거든." 정교한 창조물을 만들고 그 생명을 유지하기 위해 아름다운 조직을 빚어 낸 자연에 비하면 우리 의사들이 할 수 있는 일이란 얼마나 원시적인가. 어쩌면 의료의 발전이라는 것은 전에는 삽으로 퍼 올리던 바닷물을 이제는 불도저를 사용하여 퍼내는 것과 비슷한 일인지도 모르겠다.

Q 눈을 위로 뜨는데 괜찮을까요?

A '아기 눈을 보면 흰자만 보인다.'라든가 '잘 때 아기가 위를 본다.'라며 걱정하는 부모들이 있다. 이는 아기가 잘 때 눈을 완전히 감지 않았기 때문이다. 부모는 신경이 쓰이겠지만 어른들도 잘 때는 눈동자가 위로 넘어간다. 못 믿겠다면 가족 중 누군가가 잠잘 때 눈꺼풀을 들어 보기 바란다. 아마 아기의 눈과 똑같을 것이다. 심지어 꿈을 꿀 때는 정말로 뭔가를 보는 듯이 눈을 굴리기도 한다. 생후 2개월 이상 된 아기는 사물을 눈으로 좇을 수 있으므로 완전히 깨어 있을 때 눈의 움직임이 이상하지 않다면 크게 걱정하지 않아도 된다.

Q 얼굴 한가운데 붉그레한 멍이 있는데요?

A 이것은 연어반(salmon patches)이다. 연어반은 이마나 눈꺼풀, 코와 입 사이 등에 생기는 연붉은색 습진을 말한다. 멍이나 점과는 달리 손가락으로 살짝 누르면 사라지고 떼면 생긴다. 여러 개가 동시에 나기 때문에 더욱 걱정되겠지만 돌이 될 때쯤에는 사라지므로 치료할 필요는 없다.

그러나 진한 붉은색이라든지 표면이 부풀어 오른 것은 연어반이 아니므로 피부과나 성형외과에서 진찰받도록 하

자. 근처에 그런 병원이 없을 때는 우선 소아과에 가서 소견서를 받으면 좋다.

Q 딸꾹질을 많이 하는데 괜찮을까요?

A 딸꾹질은 한마디로 횡격막이 경련하는 증세다. 아이가 태어나기 전부터 뱃속에서 딸꾹질하는 것을 느껴 본 어머니도 있을 것이다. 이처럼 아기가 아주 어릴 때는 딸꾹질을 자주 하지만 몸에 해가 되는 것은 아니므로 걱정하지 않아도 괜찮다.

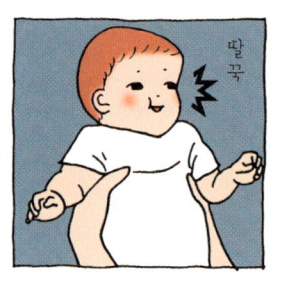

트림을 시키면 어느새 멈추기도 하고, 휴지를 길게 말아서 코를 간질간질하면 재채기가 나와서 멈추는 경우도 있으니 딸꾹질을 하루에 몇 번씩 한다 해도 크게 염려할 필요는 없다.

Q 모유가 충분한 걸까요?

A 모유를 먹일 경우 아기가 먹은 양을 눈으로 확인할 수 없어서 '양이 부족하지 않을까?' 걱정이 될 때가 많다.
아기가 하루에 7~8번 정도 소변을 보고, 체중이 순조롭게 늘고 있다면 모유가 충분히 잘 나오는 것이다. 생후 2~3개월까지는 흡철 반사가 있어서 항상 젖을 먹고 싶어 하는 듯 보이지만 꼭 모유가 부족해서 그런 것만은 아니다. 모유를 줘도 울고 분유를 줘도 계속 운다면, 이는 오히려 너무 많이 먹어서 그런 것일 수도 있다. 운다고 무조건 수유를 하면 아기는 이렇게 말하고 싶을지도 모른다. '그게 아니란 말이에요!'

Q 재채기가 나오는 것은 감기 때문인가요?

A 재채기는 기도라는 공기의 통로에 먼지 등의 이물질이 들어오려고 할 때 그것을 밖으로 내보내기 위한 반사 작용이다. 또한 이물질이 들어오지 않아도 기온이나 습도, 밝기가 갑자기 변하면 재채기가 나오기도 한다. 따라서 재채기를 했다고 꼭 감기에 걸린 것은 아니다.

정말 감기에 걸렸을 때는 열이 나고 콧물이 나면서 기침을 하는 경우가 많다. 단지 재채기만 나올 뿐 달리 몸에 변화가 없다면 재채기를 많이 해도 크게 상관없다.

Q 변비일 때는 어떻게 하면 되나요?

A 아기가 며칠 동안 대변을 보지 않았는데도 배가 나와 보이지 않는 경우가 있다. 모유나 분유를 토하지 않는다면 2~3일은 상태를 지켜봐도 되지만 아직 어린아이는 배변 습관이 없으므로 매일 변을 보는 것이 이상적이다.

만약 며칠 동안 대변을 보지 못한다거나 변을 봐도 딱딱하게 굳어서 나온다면 변비일 가능성이 있다.

하지만 너무 어린 아기는 모유나 분유가 부족해서, 혹은 아직 장이 미숙해서 변을 보지 못하기도 한다. 아기가 변비인 것은 아닌지 걱정이 되거나 대변을 볼 때 힘들어 하는 것 같아 보인다면 소아과 의사와 의논하기 바란다.

Q 설사가 계속되는데 어떻게 하죠?

A 출생 후 첫 건강 검진 무렵 "계속 설사를 해요."라며 걱정하는 부모들이 있다. 그러나 막상 살펴보면 아기가 설사를 하긴 하지만, 기분이 좋고 체중도 순조롭게 늘고 있는 경우가 대부분이다. 실은 건강한 배변을 못하는 것이 아니라 모유로 영양을 섭취하거나 혼합적으로 영양을 섭취하는 까닭에 부드러운 변을 보는 것이다.

이 변은 사실 부드러운 수준을 넘어 거의 물에 가깝기 때문에 소변처럼 기저귀에 스며들 정도다.

반면 분유를 먹는 아기들은 대개 수분이 적은 변을 보고 그 횟수도 비교적 적지만 개인차에 따라 부드러운 변을 보는 경우도 있다. 아기가 어릴 때는 변의 수분을 흡수하는 기능이 아직 미숙해서 한 번에 보는 변의 양이 적고 부드러운 것이 보통이다. 딱히 병이 있거나 이상이 있어서 그런 것은 아니다.

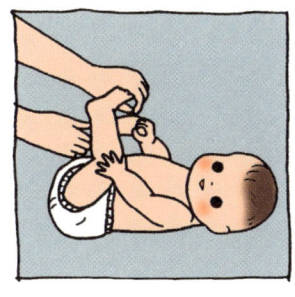

Q 탈수 증상의 기준이 뭔가요?

A 탈수라는 것은 한마디로 몸에 필요한 수분이 부족한 상태다. 그래서 탈수가 되면 소변의 양이 줄고, 피부나 입술, 입 주변의 점막이 마르거나 눈이 움푹 들어가기도 한다. 또한 어린아이의 경우 전두부에 있는 대천문이 들어가거나 울어도 눈물이 나지 않고 배의 피부에 주름이 잡히며 기운이 없고 축 처진다. 이러한 탈수 현상은 어른과 마찬가지로 아이에게도 매우 위험하다. 따라서 이런 증상이 보인다면 신속히 소아과를 찾아가자.

그렇다면 이런 탈수의 원인은 무엇일까? 먼저 분유나 식수 등의 음료를 제대로 못 마셨거나 식사를 하지 못해 수분을 제대로 공급받지 못했기 때문이다. 또한 구토나 설사가 심해서 수분을 잃기도 한다. 이럴 때는 탈수를 예방하기 위해 자주 수분을 공급해 줘야 하며 경구 수액제를 사용해도 좋다.

Q 눈곱이 잔뜩 끼는데요?

A 아기는 원래 눈곱이 자주 끼므로 흰 눈곱이 조금 낀 정도는 걱정할 필요가 없다. 이럴 때는 그냥 깨끗하고 부드러운 헝겊으로 닦아 주자. 그러나 누런 눈곱이 잔뜩 끼고 눈을 못 뜰 정도로 끈적끈적하다면 안과에 가 보는 편이 좋다. 이런 증상의 아이들이 안과가 아닌 소아과에 오는 일이 많아서 안약을 준비해 두기는 하지만 눈곱이 더 이상 안 나와도 눈물이 글썽글썽하다면 안과로 보낸다.

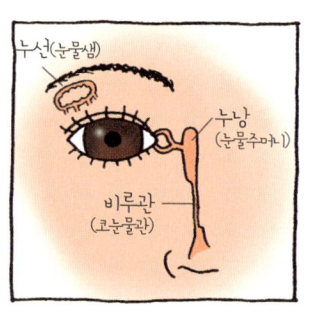

그렇다면 아이들은 왜 눈곱이 자주 낄까? 원래 눈은 비루관이라는 통로로 코와 연결되어 있다. 그런데 아이의 경우 비루관이 좁아서 막히기 쉽고, 눈물이 모이는 '누낭'이라는 부분이 세균 때문에 염증을 일으키는 일이 잦아 눈곱이 심하게 끼는 것이다. 아주 드물게 '선천성 비루관 폐쇄증'이라고 해서 비루관의 중간에 막 같은 것이 있는 경우도 있다. 그러므로 눈곱이 너무 심하다면 안과 전문의와 의논하자.

Q 소아과에서 설소대를 잘라 주나요?

A 설소대란 혀의 뒤쪽과 입의 바닥을 이어주는 조직인데 이것이 짧으면 모유나 이유식을 잘 삼키지 못하거나 발음이 어눌하고, 드물게는 '설소대 단축증'이라는 진단을 받기도 한다. 그러다 보니 옛날에는 이 설소대가 조금 짧다는 이유만으로 자르기도 했다. 요즘은 수유에 큰 문제가 없는 한 자르지 않지만 그 정도가 불편한 수준이라면 국내(한국 기준) 소아외과에서 상담 후 수술을 받을 수 있다.
그 밖에도 설소대에 관해 염려되는 점이 있다면 소아외과나 구강외과, 소아치과 전문의와 의논하기 바란다.

Q 치아 배열 괜찮을까요?

A 보통 아기의 이가 막 나기 시작했을 때는 치아의 위치나 간격, 방향 때문에 놀라곤 한다. 하지만 소아치과 전문의에 의하면 치아가 몇 개밖에 나지 않은 상태에서는 뭐라고 판단하기 힘들다고 한다. 필자 또한 이제까지 어린아이들을 진단해 온 경험을 돌이켜 봤을 때 치아는 나는 과정에서 모양이 바뀌므로 배열이 조금 이상하다고 지나치게 염려할 필요는 없다.

Q 양치질은 언제부터 하나요?

A 아기의 치아가 한 개라도 올라오면 칫솔 등으로 반드시 닦아 줘야 한다.

그리고 이유식을 시작할 무렵에는 꼭 이를 닦는 습관을 들여야 한다. 모유나 분유에 들어 있는 유당은 충치를 잘 만들지 않지만 저당(흰 설탕)을 먹거나 마시면 충치 균이 '덱스트란(dextran)'이라는 물질을 만들어 낸다. 이 덱스트란은 끈적끈적해서 치아에 붙는 성질이 있는데 거기에 여러 가지 음식이나 음료수 찌꺼기가 쌓이면 충치가 생기기 쉽다. 따라서 저당을 섭취하기 시작하면 입속 상태를 꼭 확인해야 한다. 또한 아기의 입술에 뽀뽀를 하거나 같은 식기를 사용하면 어른의 충치 균이 아기에게 옮겨 가기도 하므로 주의하자.

맺음말

요즘 많은 부모들이 육아에 대해 지나치게 열정을 쏟는 건 아닐까 하는 생각을 자주 한다. 아이는 귀엽다. 함께 있으면 즐겁고 행복하다.

하지만 '자식을 기르는 데는 정답이 없다.'는 말처럼 부모가 어디까지 무엇을 얼마나 해 줘야 하는가에 대한 절대적인 답은 없다. 그래서 요즘 부모들은 아무리 힘이 들어도 아이를 위해 끊임없이 노력하고, 그렇게 지나치게 애쓰다 보니 확인되지 않은 육아 정보들에 곧잘 휩쓸리기도 한다.

특히 요즘 같은 정보 사회에는 예로부터 전해 내려오는 육아에 관한 미신들에서 한발 더 나아가 근거가 불확실하고 의심스러운 정보들이 홍수를 이룬다.

예를 들면 '만 30개월까지는 모유나 분유만 먹이고 이유식을 주면 안 된다.'라는 이야기가 있는가 하면 '이유식은 구운 고기부터 시작하면 좋다.'라는 정보도 있다. 그 밖에도 '옆으로 안으면 골반이 틀어진다.'라든지 '패스트푸드를 먹으면 모유의 맛이 짜진다.'는 등 말도 안 되는 이야기들이 많다.

또한 대중 매체 등에서도 '천 기저귀가 제일 좋으니 만들어서 써야 한다.'라든지 '이유식은 반드시 부모가 직접 만들어야지 시판되는 것은 질이 떨어진다.'라는 식의 정보를 무책임하게 쏟아 낸다. 물론 다 틀린 말은 아니겠지만 그렇게 힘든 육아 방식이 '부모로서 당연히 해야 할 일'이라고 주장하는 건 문제다. 극히 일부지만 전문가인 의사나, 치과의사, 조산원, 보건소 의사들조차 그런 말을 하기 때문에 믿는 사람들이 있는 것도 이해는 간다.

게다가 인터넷을 검색하면 근거도 없는 극단적인 정보들이 도처에 깔려 있어 오히려 의학적으로 근거가 있는 정확한 정보를 찾기 힘들 정도다.

그래서 이 책은 부모들이 틀린 정보에 현혹되지 않도록 의학 논문 등을 되도록 많이 인용하고자 했고, 필요할 때는 필자 스스로 외국의 서적들도 열심히 찾아보았다. 부디 이 책을 읽고 주변에서 듣는 육아 정보나 관습, 대중 매체 등의 이야기를 '과연 사실일까?' 하고 한 번 더 의심하거나 재검토해 보는 기회를 가졌으면 한다.

  아이를 기르는 부모들이 스트레스 없이 더 자유롭고 즐겁게 생활할 수 있기를 진심으로 바라는 바다.

모리토 야스미

우리 아이 네 칸 만화

내 딸들은 아기는 아니지만 재미있는 말을 많이 한다. 그것들을 소재로 블로그에 육아 만화를 연재하고 있다.

Pon
2000년 3월생.
착하고 느긋한 성격의 장녀. 카드놀이와 놀이공원을 좋아함.

Bee
2006년 7월생.
자신의 의견을 분명히 밝히는 말괄량이 둘째. 커서 사람들에게 도움이 되는 일을 하고 싶어 함.

주사는 무서워

도넛이 좋아

※ 생백신과 사백신: 생백신은 주사약 속에 살아 있는 바이러스가 독성이 제거된 채 들어 있는 백신이며, 사백신은 주사약 속에 면역성을 일으킬 수 있는 바이러스의 일부가 불활성화되어 들어 있는 백신.

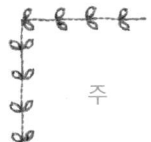

주

1 혼다 요코(本間洋子), 『주산기의학(周産期医学)』, vol.39 증간, 2009, p443-444.
   니시 타로(西田朗), 『주산기의학』, vol.39 증간, p465-466.

2 마바시 카즈오(馬場一雄), 『속 육아의학(続·子育ての医学)』, 도쿄의학사(東京医学社), p25-27.

3 니시모토 히로시(西本博), 『소아과임상(小児科臨床)』, vol.62. no.12, 2009, p2763-2771.

4 Lonnerdal BO. In; Hamosh M, GoldmanAS(eds), Human Lactation 2, Plenum Press, 1986, P301-323.

5 코메야마 쿄코(米山京子)외, 『일본공중위생잡지(日本公衆衛生雜誌)』, vol.41. no.6, 1994, p507-517.

6 Forsum et al. Am J Clin Nutr. 1980 Aug; 33(8): 1809-1813.

7 코메야마 쿄코, 『소아과(小兒科)』, vol.43. no.12, 2002, p1940-1946.

8 Hytten FE et al: The mammary gland and its secretion. Vol.11, Academic press Inc, New York, 1961.

9 타나카 토시히로(田中敏博), 『소아내과(小兒内科)』, vol.42. no.10, 2010, p1677-1680.

10 한국 - 한국마더세이프 전문 상담 센터. http://www.mothersafe.or.kr
일본 - 국립성육의료연구센터(国立成育医療研究センター), 『엄마를 위한 약 정보(ママのためのお薬情報)』, http://www.ncchd.go.jp/kusuri/lactation/index.html

11 Ryu JE. Dev Pharmacol Ther.1985; 8(6): p355-363.

12 Dahlistrom A et al. Acta periatr Scand. 1990 Feb; 79(2): p142-147.

13 British Medical Association Board of Science and Education & Tobacco Control Resource Center. 2004. Smoking and reproductive life.

14 Haward CR et al. Clin Perinatol. 1999 Jun; 26(2): p447-478.

15 McAfee, G. Drugs of abuse and breastfeeding Textbook of human lactation. Hale, TW. et al., eds.Texas, Hale Publishing, 2008, p575-610.

16 마사키 노부코(政木信子), 『출산전후 의학(ペリネイタルケア)』, 2009, 하기(夏季)증간, p231-235.

17 이무라 마스미(井村真澄), 『모유육아 지원 스탠다드(母乳育児支援スタンダード)』, 일본 라쿠테션 컨설턴트협회 편 도쿄 의학서원(日本ラクテーション・コンサルタント協会編 東京 医学書院), 2007, p309-321.
야마모토 요시코(山本よしこ), 『소아과임상』, vol.61, no.7, 2008, p1367-1373.

18	세키 가즈오(関和夫), 『주산기의학』, 2009, vol.39 증간, p626.
19	사카이 다케오(堺武男), 『출산전후 의학』, 2004 하기 증간, p170-171.
20	미국소아과학회 영양에 관한 전문위원회(アメリカ小児科学会栄養に関する専門委員会), 『아이에게 과즙을 주는 위험과 적절한 섭취 방법에 관한 권고(子どもに果汁を与えるリスクと適切な摂取方法についての勧告)』, 2001.
21	미즈노 가츠미(水野克己), 『주산기의학』, vol.39 증간, 2009, p661-663.
22	마사키 히로시(正木宏), 『출산전후 의학』, vol.26. no.2, 2007, p168-169.
23	코메야마 쿄코 외, 『일본공중위생잡지』, vol.42. no.7, 1995, p472-481.
24	나리타 마사미(成田雅美), 『어린이 건강(チャイルドヘルス)』, vol.14. no.8, 2011, p1457-1461.
25	쿠리하라 가즈유키(栗原和幸), 『먹어서 고치는 음식 알레르기 특이적 경구내성유도(SOTI)(食べて治す食物アレルギー 特異的経口耐性誘導(SOTI))』, 진단과 치료사(診断と治療社), 2010.
26	에비사와 모토히로(海老澤元宏), 『후생성과학연구반에 의한 음식 알레르기 진료 사전(厚生労働科学研究班による食物アレルギーの診療の手引き)2008』, 2008. 나리타 마사미(成田雅美), 『소아과 임상픽시스 7(小児科臨床ピクシス7)』, 나카야마 서점(中山書店), p86-87.
27	Iglowstein et al. Pediatrics. 2003 Feb; 111(2): p302-307.
28	카미야마 준(神山潤), 『일본소아과학회잡지(日本小児科学会雑誌)』, vol.115. no.12, 2011, p1870-1879.
29	Mindell et al. Sleep Med 2010 Mar; 11(3): p274-280.

30 카치 하루미(加地はるみ) 외, 『일본신생아학회잡지(日本新生児学会雑誌)』, vol.22. no.3, 1986, p.586-593.

31 타카도 카츠야(田角勝他), 『주산기의학』, vol.13 no.12, 1983, p1981-1985.

32 아카이 유키코(赤井由紀子) 외, 『의학과 생물학(医学と生物学)』, vol.153. no.11, 2009, p532-538.

33 하네야마 준코(羽山順子) 외, 『일본공중위생잡지』, vol.54. no7, 2007, p440-446.

34 Aldrich CA et al. J Pediatr. 1945 27: p428-435.

35 BaildamEM et al. Dev Med Child Neurol. 1995 Apr; 37(4): p345-353.

36 와타나베 토요코(渡辺とよ子), 『출산전후 의학』, vol.27 no.5, 2008, p451-453.

37 C. 트레바셴(C. トレヴァーセン) 외, 『유아기의 대화와 그것을 제어하는 심리, 자폐증 아이들("幼児期の会話とそれを制御する情動" 自閉症の子どもたち)』, 나카노 시게루(中野茂他) 역, 미네르바 출판(ミネルヴァ書房), 2005, p112-141.

38 주석 35번 참조.

39 야마모토 쇼소(山本昇壮) 지음, 카노 요이치(河野陽一) 감수, 『아토피성 피부염 진료 가이드라인 2008년도 후생성 장기만성질환 종합연구사업 알레르기 종합연구(アトピー性皮膚炎診療ガイドライン2008平成8年度厚生省長期慢性疾患総合研究事業アレルギー総合研究)』 및 『1997-2008년도 후생노동성 과학연구 2008(平成9-20年度厚生労働省科学研究2008)』.

40 야타 유카리(矢田ゆかり), 『주산기의학』, vol.39 증간, 2009, p434-437.

41 주석 39번 참조.

42 KramerMS, KakumaR: Maternal dietry antigen avoid during pregnancy or lactation, or both, for preventing or treating atopic disease in the child. Cochrane Database of Systematic Reviews Issue 3. Art. No.: CD000133. DOI: 10. 1002/14651858. CD000133. Pub2, 2006

43 오야 히로유키(大矢幸弘), 『주산기의학』, vol.39 증간, 2009, p718-720.

44 코바야시 테루오(小林昭夫), 『소아과임상』, vol.57. no.12, 2004, p2555-2560.

45 Spandorfer PR et al. Pediatrics. 2005 Feb; 115(2): p295-301.

46 요텐 아츠시(余田篤), 『소아내과』, vol.41. no.12, 2009, p1702-1705.

47 Sandhu BK et al. J Pediatr Gastroenterol Nutr.1997 24: p522-527.

48 Guandalini S, J Pediatr Gastroenterol Nutr 30. 2000: p486-489.

49 FD Brown들, J Accid Emerg Med 2000: p17.

50 한국 - 질병관리본부 예방 접종 도우미 사이트 http://nip.cdc.go.kr
    일본 - 『KNOW★VPD!』 http://www.know-vpd.jp/

51 한국 - 응급 의료 정보 사이트 http://e-gen.or.kr/
    일본 - 〈어린이 응급상황(こどもの救急)〉 http://kodomo-qq.jp/

소아과 의사 엄마의 갓난아기 건강수첩

1판 1쇄 인쇄 2015년 2월 16일
1판 1쇄 발행 2015년 2월 23일

지은이 모리토 야스미
옮긴이 황혜숙
감수자 서정호

발행인 김기중
주간 신선영
편집 강정민, 이지예, 정다혜
마케팅 한솔미
펴낸곳 도서출판 에밀
주소 서울시 마포구 동교로 18길 31(서교동) 카사플로라 빌딩 2층 (121-894)
전화 02-3141-8301~2
팩스 02-3141-8303
이메일 thesouppub@naver.com
페이스북 페이지 : @thesoupbook, **트위터** : @thesouppub
출판신고 2012년 10월 10일 제 2012-000321호

ISBN 978-89-969599-6-0 (13590)

※ 이 책은 도서출판 에밀이 저작권자와의 계약에 따라 발행한 것이므로
본사의 서면 허락 없이는 어떠한 형태나 수단으로도 이 책의 내용을 이용하지 못합니다.
※ 잘못된 책은 구입하신 곳에서 바꾸어 드립니다.
※ 책값은 뒤표지에 있습니다.